# ネイティブを動かすプレミアム英会話

50 Genuine English Expressions
Tomoaki Kato & Yoko Gendai

# 50

コロンビア大学医学部外科教授
## 加藤友朗
漫画 現代洋子

JN049858

# Contents

## はじめに

　僕がアメリカで移植外科の研修を始めたのは1995年なので、かれこれ25年になります。その間、日本で仕事をした時期も少しだけありますが、ほぼ全ての時間をアメリカの病院で過ごしてきました。アメリカに渡ってすぐの頃は言葉での苦労の連続でした。日本にいる間にも外国人との付き合いがあって、それなりに英会話ができるつもりでいましたが、アメリカの病院で研修を始めるとそんな中途半端な会話力では全く役に立たないことがすぐにわかりました。日本にいる外国人は日本人が英会話が苦手なことを知っていますので手加減してくれます。でもアメリカの病院に来た患者さんや同僚の医師たちが手加減してくれるわけはなく、容赦無く浴びせかけられる本場の英語に四苦八苦の毎日でした。始めてすぐには英語がわからないせいで患者さんから文句が出てクビになりかけた時期もありました。

　日本人は英会話が苦手だというのは昔から言われ続けていることです。英語教育に問題があるとも言われています。中学高校と6年間も英語の勉強をしているのにも

かかわらず、会話の能力が低いというのがそう言われる理由です。おそらく会話がうまくならないのには教育の問題だけではなく、完璧を追い求めてしまう日本人の文化とも関係しています。間違いがあっても、正しくない言い方でも、まずは恥ずかしがらずに話してみない限り会話は上達しませんが、「間違った言い方をすると恥ずかしい」とか「どうせ話すなら格好良く話したい」と言った考えは会話の上達には妨げになります。僕の場合は話せない限り生き残れない立場でしたので、恥ずかしいなんて言っていられず、下手でも話し続けることで会話を身につけていきました。そんな風に苦労してきた僕が皆さんに生きた英語を楽しく勉強してもらいたいと思って作ったのがこの本です。

　ここにお送りする50の表現は日本ではあまり教わらない表現ですが、日常の会話でよく使われるものばかりです。そんな学校で教えてくれない表現を漫画でわかりやすくお届けします。ぜひ覚えて使ってみてください。こんな表現が使えるようになると相手との距離がグッと縮まる気がすると思います。

# touch base

# touch base
連絡を取る

　病院での英会話にはいろいろな側面があります。医療従事者同士でのディスカッションは専門用語を除けばビジネス英会話に近い内容になりますが、患者さんに病気のことや手術の内容をわかりやすく伝えるには、それとは全く違った会話の力が必要です。またアメリカの病院はチーム医療ですので、医師や看護師だけでなくソーシャルワーカーや薬剤師、理学療法士などいろいろな職種の人と話をする必要があります。ですから、病院で医師として仕事をする場合、黙って机に向かって作業する時間はほとんどなく、電話も含めて常に誰かと話していることになります。そんなわけで、病院では幅広いコミュニケーションに対応する英語力が要求されます。

　さてまず最初はベースにタッチするという touch

baseという表現。実はこれ、ビジネスでもプライベートでも、すごくよく使われる表現です。由来は諸説あるみたいですが、野球のベースと関係しているというのが通説です。touch baseの意味は「連絡を取る」「（手短に）話をする」です。なぜベースにタッチするのが連絡することになったのかはっきりしないようですが、野球の走塁でベースにタッチ（足で踏むのもtouchになる）しながら回るところから、「ベースにタッチ」＝「（あなたの）ベースに立ち寄る」＝「そちらと連絡を取る」となったみたいです。実際の使い方は、"I will touch base with you tomorrow."「明日連絡入れますね。」、"Let's touch base later."「後で連絡取り合いましょう。」などです。

Q1
日本語に訳すと？
"I would like to touch base with you regarding your progress."

Q2
touch baseを使って英語で言うと？
「明日の朝一（first thing in the morning）に連絡を取り合いましょう。」

Q3
touch baseを使って英語で言うと？
「先に進める（proceed）前にクライアントと連絡を取らないといけないよ。」

Exercises

A1
そちらの進捗具合をお伺いしたいのでご連絡します。

A2
Let's touch base first thing in the morning.

A3
You need to touch base with the client before proceeding.

# out of the blue

# out of the blue
## 青天の霹靂
<small>へきれき</small>

　日本語でも同じですが、何かにたとえて言う表現は気持ちを伝えるのに役立ちます。たとえば「ここは、いっきに波に乗っていこう」という言い方。前後の状況にもよりますが、その意味は「勢いを維持したまま続ける」ということです。「勢いを保ったまま最後まで行こう」と言っても全く問題なく意味は伝わりますが、「波に乗る」という表現を使うことで話し手の興奮が伝わってきませんか。これは英語でも同じです。そんな表現が使えるようになると相手との距離がぐっと縮まります。

　さて、今回の表現はout of the blue。直訳すると「青の中から」ですが実際にはout of the blue sky（青空の中から）から来ていると言われています。日本語の表現にある「青天の霹靂」（霹靂はカミナリ）と実は全く同

じで a thunderbolt out of the blue sky（青空から突然の稲妻）という表現から始まったということらしいです。

　日本語で「青天の霹靂」というとかなり仰々（ぎょうぎょう）しい言い方になりますが、out of the blueは気楽に会話の中で使える表現です。また「給料が上がった」、「プロポーズされた」などポジティブなことでも、予期せぬことであればout of the blueを使います。「青天の霹靂」とほとんど同じ表現が英語にあるなんて面白いですよね。

　実際の使い方です。

"My computer crashed this afternoon totally out of the blue."「今日の午後、僕のコンピューターが全く予兆なしに突然クラッシュした。」

"My boss gave me a raise out of the blue."「（期待してなかったけど）突然ボスが給料を上げてくれた。」

## Q1
日本語に訳すと？
"I don't want to just fire him out of the blue."

## Q2
out of the blueを使って英語で言うと？
「あの会社の株価が（予測してなかったけど）突然、高騰（soar）した。」

## Q3
out of the blueを使って英語で言うと？
「君はアポを取るべきだ。突然現れてしまってはダメだよ。」

Exercises

## A1
（警告なしに）突然彼をクビにしたくはないんだ。

## A2
That company's stock price soared out of the blue.

## A3
You should make an appointment. Don't just show up out of the blue.

# glass half full or half empty

## glass half full or half empty
### グラスに半分残っているのか、半分なくなったのか

　言葉は文化を反映します。たとえば「一期一会」。これは茶道から来た言葉と言われていますが、その意味は「今こうして会っているのは一生に一度のことかもしれない、だから今の機会を大切にしなければいけない」です。これは日本人の心に根付く「おもてなしの心」につながる表現ですよね。そんな洒落た表現は日本語独特だと思い込んでいる人がいますが、英語にもそんな表現はたくさんあります。

　今回の表現はそんな表現の一つでglass half full or half empty。コップに水が半分入っている状態を思い浮かべてください。「まだ半分残っている」（The glass is half full.）と考えることもできるし「もう半分なくなった」（The glass is half empty.）と考えることもできま

すよね。このように同じ事でもポジティブにもネガティブにも捉えられるということを説明するときにglass half full or half emptyを使います。

　人生のいろいろな局面で出てくる物の見方の違いを的確に表した面白い言い回しですよね。ぜひ理解して使えるようになってください。

　実際の使い方は "It's just a matter of seeing the glass as half full or empty." 「それは単にグラスに半分入っているとみるか半分なくなったとみるかの問題だ。(それは単に見方の違いの問題だ。)」、"I am definitely a 'glass half full' type person." 「僕は間違いなくグラスに半分入っていると考えるタイプの人間だ。(僕は間違いなくポジティブな見方をするタイプだ。)」などです。

## Q1
日本語に訳すと？
"We don't need a person who always sees the glass half empty."

## Q2
glass half full/half emptyを使って英語で言うと？
「僕はいつでもグラスに水が半分残っていると考えるようにしている。」

## Q3
glass half full/half emptyを使って英語で言うと？
「もしいつもグラスがもう半分空だと考えるなら、君は決してハッピーにはなれないよ。」

Exercises

## A1
いつでもグラスが半分空だと思うよう人は我々（我が社）は必要としていません。

## A2
I always try to see the glass half full.

## A3
If you always see the glass as half empty, you will never be happy.

# play it by ear

## play it by ear
流れにそって決める

「臨機応変に対応しよう」という日本語は、小学生では使わないかもしれませんが、大人なら誰でも普通に使う言葉です。でもこの言葉、外国人が覚えるのにはちょっと難しい気がしませんか。逆に「臨機応変」という表現が使える外国人がいたら、この人は日本語が上手だなと思いますよね。これは英語でも同じでネイティブなら誰でも当たり前に使えるのにネイティブでないと使いにくい表現は色々とあります。そんな言葉を覚えていくと一歩先の英語でのコミュニケーションができるようになります。

さて今回のplay it by earという表現ですが、これはまさに臨機応変という意味で、ビジネスの世界でも日常会話でもすごくよく使われる表現です。play it by earは

「耳を使って演奏する」ではなくて「耳で聞いて音楽を演奏する」という意味。楽譜をみて演奏するのではなく、耳で聞いただけで演奏するということです。耳で聞いてすぐにそれを演奏する（モーツァルトが天才的だった話、ありますよね）、ないしは楽譜なしでも耳で聞いた音に合わせて自分のパートを即興演奏するということです。この表現を覚えるには後者の説明の方が良いです。

　実際の会話での意味は、「（その後の予定がわからない時）何が起こるのかに合わせて対応をする」と言う意味で、日本語の「流れにそってきめる」「臨機応変に対応する」の意味になります。

　たとえば "I am going to play it by ear." 「状況次第でどうするか決めます。」とか "Our boss likes to play it by ear." 「僕らの上司は臨機応変に対応するのが好きだ」などです。

Q1
日本語に訳すと？
"Let's see what the weather is like tomorrow and play it by ear."

Q2
play it by ear を使って英語で言うと？
「何が起こるかわからないんだから、臨機応変に対応するしかない。」

Q3
play it by ear を使って英語で言うと？
「できる限りプランを立ててください。でも臨機応変にやる気も持ってください。」

Exercises

A1
明日の天気がどうなるかをみて、それに合わせて決めましょう。

A2
Since you don't know what is going to happen, you will have to play it by ear.

A3
Plan as much as possible, but be willing to play it by ear.

# play devil's advocate

# play devil's advocate
## あえて反対意見を言う

　play devil's advocateという表現は、ビジネスの世界で頻用されます。advocateはある人（たち）のために話をする人、便宜を図る人、つまり代弁者、代理人ということですからplay devil's advocateを直訳すれば悪魔の代弁者の役割を演じるということになります。この表現は元々はローマ・カトリックで聖人（Saint）を選ぶ際の決まりから来ているそうです。ローマ・カトリックでは誰を聖人として認定するかの会議をする際には必ず、なぜその人が聖人にふさわしいかの議論だけでなく、なぜその人が聖人にふさわしくないかを議論する人を決めます。片方だけの意見でなく両側の意見を聞いて公正に判断しようというやり方です。この反対意見をいう人をdevil's advocate（悪魔の代弁者）と呼ぶのだそうです。

というわけで、play devil's advocateは「（自分がそう思っていなくても）あえて反対意見を代弁する」ということです。

　実際の使い方は漫画のように、"Let me play devil's advocate."「私があえて反対意見の代弁をしてみよう。」

　反対意見が出ずに賛成意見ばかりでは公平性に欠けた結論になってしまう可能性があります。そんな時にあえて反対意見を言う時の切り出し方です。ぜひビジネスの会議で使ってみてください。

**ニューヨークのホリデーシーズン**　11月下旬の感謝祭が終わるとニューヨークのロックフェラーセンターのクリスマスツリーの点灯式です。毎年、郊外から運ばれる巨大なツリーはニューヨークのホリデーシーズンのシンボル。アメリカで一番有名なこのクリスマスツリーに色とりどりのライトがともると、ニューヨークのホリデームードが一気に加速します。

05 ｜ play devil's advocate

Q1
日本語に訳すと？
"Actually, that's not what I really think. I was just playing devil's advocate."

Q2
play devil's adovocateを使って英語で言うと？
「誰かあえて反対意見を言ってみませんか？」

Q3
play devil's adovocateを使って英語で言うと？
「反対意見を代弁してみようとすると反対側の意見がよりよく理解できるようになるものだ。」

Exercises

A1
実を言うと、僕は別に本当にそう思ってるわけじゃないんだ。ただ反対意見を代弁してみただけさ。

A2
Does anyone want to play devil's advocate?

A3
If you try to play devil's advocate, you will understand the other side's argument better.

# no-brainer

# no-brainer
当たり前のこと

　アメリカの病院にはphysician's assistantといって医師の補助をする仕事があります。PA（ピーエー）と呼ばれますが、この職種は基本的には医師の指示、指導、立会いの元であれば、ほぼどんな医療行為でもアシスタントとして手伝うことができます。医師の仕事によって外来担当のPA、病棟担当のPA、手術助手のPAなどがあります。仕事内容は研修医とほぼ変わりありませんが、研修医は毎年変わっていきます。それに対してPAは何年でも同じ職場で働いてもらうことができますし、研修医を配属できない仕事をやってもらうこともできます。漫画に出てくるダニエラ、キャサリンなどはPAです。

　さて今回はno-brainerという表現。この表現はまさにno brainから来ています。ただしno-brainerは「脳みそ

なし人間」ではなくて「脳を煩わせずにすぐわかること」で、実際の意味合いは「明白なこと」「当たり前のこと」になります。漫画ではマサルがダニエラにバカにされたと思っていますが、"That's a no-brainer." は「そんなこと考えなくてもわかるわ」という軽蔑の意味ではなく「それは当然ですね」と強く同意する意味合いです。

　ビジネスの会話でよく使われるのは「当然の結論」や「当たり前の選択」ということを表現するときです。コストの削減などその時の状況で当然なことをno-brainerと言います。たとえば、"Cutting costs is a no-brainer."「コストを削減するのは当たり前です。」、"The decision to start that project was a no-brainer."「そのプロジェクトを始めるという決断は明白だった。」のように使います。ビジネスシーンでぜひ使ってみてください。

06 ｜ no-brainer

**Q1**
日本語に訳すと？
"Firing that guy is a no-brainer."

**Q2**
no-brainerを使って英語で言うと？
「その仕事に就く（take that job）のは僕にとって当然だった。」

**Q3**
no-brainerを使って英語で言うと？
「当然に見えるかもしれないけど、オプションをよく考えたほうがいい。」

Exercises

**A1**
あいつをクビにするのは当たり前だ。

**A2**
Taking that job was a no-brainer for me.

**A3**
It may look like a no-brainer, but you should really consider your options.

# too much on my plate

# too much on my plate
## やることが沢山(たくさん)ありすぎる

　plateはお皿なので"too much on my plate"は直訳なら「お皿に沢山のせすぎ」ですが、会話での意味は「やること（やらなければいけないこと）が沢山ありすぎる」という意味になります。漫画の中でジェシカが言っているのはもちろん後者で、やることを沢山詰め込みすぎて大変だということです。忙しいのを伝えるのに便利な表現です。また、お皿に盛りすぎという表現はそのまま日本語としても理解できるので覚えやすいですよね。

　ちなみに漫画の中でジェシカが言っているもう一つの表現、"swamped"もとてもよく使います。swampは名詞では湿地帯、沼地のことをさしますが、動詞の受動態では洪水で水に浸かるという意味で、そこから転じて、大変でおし潰されそうになっている状況です。もう少し

硬い言い方はoverwhelmedですが、これも一緒に覚えておきましょう。

　on my plateの他の使い方は、"I have a lot on my plate."「することが沢山ある。（とても忙しい。）」とか"I'm sorry, I can't help you. I just have too much on my plate right now."「ごめん。手伝ってあげられない。今ちょうどすごく忙しくて。」などです。

Topic

**アメリカのクリスマス**　クリスマスはアメリカではどちらかというと静かに家庭で過ごす日。大都市ではレストランも開いていますが、田舎の街ではスーパーマーケットも含めて全てのお店が閉まってしまうこともあります。ちなみにクリスマスデーは12月25日のことで、お店が閉まるのは25日です。またクリスマスイブは本来24日の夜の意味でしたが、最近のアメリカでは24日の一日全てを指すことが多いようです。

07 ｜ too much on my plate

Q1
日本語に訳すと？
"Please don't bother her. She's got too much on her plate."

Q2
on one's plateを使って英語で言うと？
「今夜は遅くまでのこらなきゃいけない。とにかく忙しいんだ。」

Q3
on one's plateを使って英語で言うと？
「今忙しいのはわかっていますが、5分ぐらい時間をさいていただけませんか？」

Exercises

A1
彼女を放っておいてくれないか。今すごく忙しいみたいだから。

A2
I have to stay late this evening. I just have a lot on my plate.

A3
I know you have a lot on your plate right now, but would you be able to spare me 5 minutes or so？

# You killed it !

# You killed it !
すごくうまくやったね！

　殺すとはなんだか物騒ですが、killを含む会話表現は結構あります。この場合はすごくうまくやったという賞賛の表現です。かなりカジュアルな言い方ですので、初対面の人や目上の人に対して使う表現ではありませんが、仲間内で使うには良い表現です。You nailed it !もほぼ同じ意味です（nailは釘を打ち込むという意味の動詞）。

　killを使った表現、他にはみなさんよくご存知のkill two birds with one stone（一石二鳥）がありますよね。日本語の一石二鳥は元々イギリスの表現を和訳したところから来ています。killは他にも「悩ませる」、「忙しく働かせる」と言った意味もあって、"This job is killing me."「この仕事ですごく悩まされている。」、"You are killing me."──仕事を次々と頼むとこんな風に言われ

ます——などです。「（大変で）もう死にそう」は日本語
の表現に似てますよね。ただし英語では「殺されかかっ
ている」であって「死にかかっている＝dying」ではな
いので注意（ちなみにdyingは死にそうなほど何かが欲
しいという意味です。例：I am dying for ice cream.）。

**ニューヨークの大晦日（おおみそか）**　ニューヨークの大晦日はカウントダウ
ンの大パーティー。一番有名なのはタイムズスクエアですが、
毎年100万人以上も集まる一大イベントで、カウントダウンを
間近で見るには朝から並んで待つ必要があります。最前列に行
くために前日から泊まり込む人もいるぐらいです。一方、あま
り知られていないのがセントラルパークの花火です。こちらは
広い公園のどこからでも見られるので、結構簡単にいい場所が
確保できます。

08｜You killed it!

Q1
日本語に訳すと？
"Great job! You killed it."

Q2
kill itを使って英語で言うと？
「みんなすごくよかったって言ってたよ。やったね（すごくうまくいったね）！」

Q3
kill itを使って英語で言うと？
「今夜のバンドの演奏はすごく良かったね。あのドラマーは誰？」

Exercises

A1
素晴らしい。よくやった。

A2
Everyone loved it. You killed it!

A3
The band really killed it tonight. Who is that drummer?

# get the ball rolling

*OR＝operating room（手術室）

# get the ball rolling
## 始めよう

「はじめに」にも書きましたが、僕がアメリカで研修医をしたのはかれこれ25年前のことですが、当時とにかく苦労したのが英語でした。外科の研修医ですから最終的には手術でいいところを見せることができて生き延びましたが、初めは言葉ができないせいで色々なところから文句が出てクビ寸前でした。とくに困ったのは早口で指示を出す先生。マサル君のように何をするかわからなくても、わからないと言えずに困ったことはよくありました。はっきりいって、そんな研修医ヤバいですよね。でもそれでもクビにならずに生き残れたのはとにかく真面目に働いたこと。日本を出る際にアメリカで研修したことのある先輩の先生に、「アメリカ人の研修医たちに口で敵うわけはないんだからとにかく人の嫌がる仕事を

しなさい」と言われていて、みんなが嫌がって逃げる仕事を率先してやっていたので、看護師の評判は良かったんです。

さて今回はget the ball rollingという表現。ballを使った表現は実にたくさんありますが、これはその一例。「球を転がさせる」というのは物事をスタートさせる、プロセスを開始させるといった意味です。漫画でアダムがマサルに出した指示は手術室に行って緊急手術の申し込みをして、手術室のスタッフに手術の準備をスタートしてもらうという意味です。

ビジネスでよく用いる言い方は、"Let's get the ball rolling."「さあ始めよう。」や "I will get the ball rolling by introducing the first speaker."「最初の演者を紹介することでこの会を始めさせていただきます。」などです。

ビジネス以外でも例えばカラオケで "All right, I will get the ball rolling by singing the first song."「よし、じゃあ最初の歌は僕が歌うから、それで始めよう。」のようにも使えます。

09 ｜ get the ball rolling

Q1
日本語に訳すと？
"The foreign minister was trying to get the ball rolling on the transpacific partnership deal."

Q2
get the ball rollingを使って英語で言うと？
「我々にはこのM&Aに着手するのに十分な資金がある。」

Q3
get the ball rollingを使って英語で言うと？
「すぐに始めないと、絶対に締め切りに間に合わなくなる。」
締め切りに間に合う：meet the deadline

Exercises

A1
外務大臣はTPP交渉を開始させるために努力した。

A2
We have enough money to get the ball rolling on the M&A.

A3
If we don't get the ball rolling soon, we will never meet the deadline.

# at the end of the day

# at the end of the day
## とどのつまりは

What is your goal?（君の目標は何？）アメリカでよく聞かれる質問です。僕も研修医の頃はよく聞かれたものです。日本でも将来のことは話題にはなりますが、あまりストレートに聞かれることはないので、なんとなく答えにくいですよね。色々な国から来た人が集まる国、アメリカでは自分の将来のビジョンがはっきりしている人も多く、「目標はアメリカでお金持ちになって将来は自分の国に残してきた家族を呼び寄せることだ」なんていう人もよくいます。今から思えば、僕もアメリカに来た当初は２年研修して日本に帰るつもりでした。それから結局25年もアメリカで仕事をすることになるなんて。人生はわからないものです。

　さて今回の表現はat the end of the day。一日の終わ

りには、ということですが、「すべてのことを考えれば」、「とどのつまりは」という意味になります。「最終的には」という言い方にはin the endもあります。日本語的には「最終的には」だとat the endになりそうですが、at the endとは言わないで at the end of the day または in the endです。at the end of the day とin the endは微妙な違いがありますが、ほぼ同じ意味と考えて大丈夫です。

　at the end of the day/in the endの使い方は "At the end of the day, it is what it is." 「とどのつまりはなるようにしかならない（結局はそれはその通りだからしょうがない）。」、"We have to keep going because I know we will get there in the end." 「続けるべきです。なぜなら最終的には我々がそこに到達できることがわかるからです。」などです。

Q1
日本語に訳すと？
"At the end of the day, Japan is still a great country to work with."

Q2
at the end of the day/in the endを使って英語で言うと？
「最終的にはこのプロジェクトは収益を上げる（turn a profit）ことになると思います。」

Q3
at the end of the day/in the endを使って英語で言うと？
「最終的にはどっちの側につくか君が決めなければいけない。」

Exercises

A1
全てを考慮すれば日本はまだ一緒に仕事をするのに良い国だ。

A2
I think this project will turn a profit in the end.

A3
At the end of the day, you have to choose what side you are on.

# jump the gun

# jump the gun
## 準備不足で見切り発車する

　jump the gunという表現は、銃をジャンプするということではなく、ヨーイドンの号砲のピストルの音より早くにスタートすることです。日本語でいう「フライング」にあたります。ちなみに「フライング」は和製英語ですので "He made a flying." などといっても通じません。このフライングの意味が転じてjump the gunは「準備不足のまま見切り発車する」、「焦って時期尚早で始める」といった意味になります。

　漫画でDr.ラブがDr.マディソンに言っているのは「勝手に急いでことを決めるな。ちゃんと自分に話してからにしてほしい。」ということです。ビジネスで使えそうですよね。

　実際の使い方は "He jumped the gun and was disqualified from the race." 「彼はフライングして失格になった。」（元々の意味）とか、"They jumped the gun and began construction before the permits were issued." 「彼らは許可が下りる前にフライングで建設を始めてしまった。」などです。

**アメリカの祝日**　アメリカは意外に祝日が少なく、元日や感謝祭やクリスマスといった定番の休み以外での祝日は５日しかありません（州によって少し違う）。ニューヨークの祝日は１月のマーティン・ルーサー・キング・デー、２月のプレジデント・デー（ワシントン大統領の誕生日）、５月のメモリアル・デー（戦没者記念日）、７月の独立記念日、９月のレイバー・デー（勤労感謝の日）だけです。ただしアメリカの人は月曜がお休みの前の金曜に休みをとって４連休にしてしまうことも良くありますし、夏に２週間休暇を取るのは当たり前ですので休んでいる日が少ないわけではありません。日本人の場合は祝日以外は休みが取りにくいのであえてたくさん祝日があるのかもしれませんね。

11 | jump the gun

Q1
日本語に訳すと？
"I think you are jumping the gun."

Q2
jump the gunを使って英語で言うと？
「全ての内容がわかる（have all the facts）まで焦って決めてはダメだよ。」

Q3
jump the gunを使って英語で言うと？
「あなたたち出会ったばかりでしょう。結婚のことを話すのはちょっと時期尚早じゃない？」

Exercises

A1
君はフライングしていると思う（時期尚早で始めていると思う）。

A2
Don't jump the gun and make a decision until you have all the facts.

A3
You guys just met. Isn't discussing marriage jumping the gun a bit?

# reinvent the wheel

# reinvent the wheel
無駄な議論をする

　reinvent the wheelはビジネスシーンで頻用される表現です。wheelはタイヤのホイールのことで、reinvent the wheelは直訳すればホイールを発明し直すということですが、この言い回しの意味は「タイヤのホイールのようにすでにうまく機能するものがある場合はあえて別のものを発明しなくてもよい」ということです。ですから会話での意味は「もうすでに出来上がっていることを無駄にやり直す」ないしは「うまくいく方法が確立されているのに新しく別な方法を考える」です。漫画では詳細は出てきませんが、以前からうまくいっている方法があるのに違う方法を提唱しようとするDr.エドワードに対してDr.ラブがそんなことはナンセンスだといって口論になっています。

Reinvent the wheelを使った例文をあげると "Rather than reinventing the wheel, let's use proven methods." 「別の方法を考えるのに無駄に時間を費やすより、うまくいくことが証明されたものを使おう。」とか "The cost structure of the product seems perfect. There is no need to reinvent the wheel." 「その製品のコスト構成は完璧に見える。それを無駄に時間を使って見直す必要はない。」などです。

**冬の風物詩** 1月、2月はニューヨークが最も寒い時季です。ニューヨークは東京よりもずっと北で青森ぐらいの緯度になります。そんな寒いニューヨークの冬の楽しみはスケート。一番有名なのはロックフェラーセンターのスケートリンクですが、ほかにもセントラルパークの中などマンハッタンには屋外のスケートリンクがいくつもあり、ニューヨークの冬の風物詩です。

**12 │ reinvent the wheel**

Q1
日本語に訳すと？
"We don't need to reinvent the wheel. We already have a great strategy."

Q2
reinvent the wheelを使って英語で言うと？
「君は不必要にやり直しているだけだ。」

Q3
reinvent the wheelを使って英語で言うと？
「シンプルにしておけ。無駄に考え直そうとするのはやめなさい。」

Exercises

A1
新しいことを無駄に考えるのはやめよう。すでにいい戦略があるんだから。

A2
I think you are just reinventing the wheel.

A3
Keep it simple. Don't try to reinvent the wheel.

# speak of the devil

# speak of the devil
## 噂をすれば

　言葉がわからないことはフラストレーションになりますが、言葉がわからないことがポジティブに作用することもたまにはあります。僕が研修医を始めたばかりのこと。言葉で苦労しましたが、おそらくその頃は馬鹿にされていても逆に言葉がわからないせいで気にならなかったんだと思います。日本からアメリカに渡って仕事をすると言葉だけでなく生活習慣、仕事のやり方などで色々な違いにも直面します。アメリカでは当たり前でも日本から来るとわからないこと（たとえば長さや重さの単位、気温など）もたくさんあります。わからないことをからかわれていても、それがわからないと逆にハッピーに過ごせるのかもしれません。

　さて今回の表現はspeak of the devil。devilの出てく

る会話表現ではplay devil's advocateをやりましたが覚えてますでしょうか。speak of the devilは「悪魔の話をすると悪魔が現れる」という表現から来ています。日本語の「噂をすれば影がさす」を省略して「噂をすれば…」といって使うのとほとんど同じです。漫画ではジェシカたちがマサル君の話をしているときにたまたまマサル君が通りかかったので、ダニエラが「噂をすれば…」と耳打ちをしたのです。speak of the devilはかなり口語的な表現ですので、あまりいい例文がありませんが、あえて言えば "Speak of the devil, we were just talking about your new hair style." 「噂をすれば……。今ちょうどあなたの新しい髪型の話をしてたところよ。」とか "Speak of the devil, we were just trying to call you." 「噂をすれば……。今ちょうど君に電話しようとしてたんだ。」などです。

13 | speak of the devil

Q1　日本語に訳すと？
"Speak of the devil, we were just talking about your idea at the meeting."

Q2　日本語に訳すと？
"Hey Bob, I was just telling Dave about your new assistant, and speak of the devil, we ran into her in front of the station!"

Q3　speak of the devilを使って英語で言うと？
「噂をすれば……。今ちょうどジャックが君がここに来てる（you are in town）ことを教えてくれてたんだ。」

Exercises

A1
噂をすれば…。今ちょうど君のアイディアについて会議で話してたところだよ。

A2
ヘイ、ボブ。ちょうどデーブに君の新しいアシスタントのことを話してたんだ。そうしたら噂をすれば何とやらで駅前で彼女に出くわしたんだ！

A3
Speak of the devil, Jack was just telling me you were in town.

# right off the bat

# right off the bat
初っ端から

right off the batはアメリカ英語によく出てくる野球に関連した表現です。直訳では「(野球のボールが) バットから離れたその時」という意味です。バッターはボールを打ったらすぐに (ボールがバットを離れた直後から) 走り出さなければいけません。そこから転じて、「何かをした途端」「初めからすぐに」の意味になったと考えられています。

漫画で患者さんが言っているのは、オイスターを食べて間髪をいれずすぐに気分が悪くなったという意味です。right off the batはかなり砕けた口語表現で、間髪をいれずに何かが起こった様子を強調する言い方です。いつからそうなったと聞かれた時に「まさにそのすぐ後からさ」とか「初めからすぐにだよ」と答えるときによく使

います。

　たとえば "When did you know this project would fail ?" "Right off the bat." 「いつからこのプロジェクトが失敗することがわかったんだい？」「初めからさ。」や "He noticed the difference right off the bat." 「彼は初めから違いに気づいた。」などです。

**オイスター**　ニューヨークでは一年を通して生のオイスターが出てきますが、やはり一番美味しいのは冬です。日本で牡蠣（かき）といえばプクッと膨れた部分を思い浮かべる人が多いと思いますが、東海岸のオイスターはプクッとした丸い部分が小さく、ヒダヒダの部分がぐっと大きくなっています。日本の牡蠣とはかなり違った味わいですが、これがなかなかの美味。日本で生牡蠣は苦手という人でもハマってしまう人が結構います。産地はマサチューセッツ州、メリーランド州など北東部の海岸全般でニューヨーク州産のものもあります。

14 │ right off the bat

Q1
日本語に訳すと？
"The new manager started to complain right off the bat."

Q2
日本語に訳すと？
"He walked in, and right off the bat we could tell that he had had too much to drink."

Q3
right off the batを使って英語で言うと？
「彼女は何かがおかしいことに最初から気づいた。」

Exercises

A1
新しいマネージャーは初めから文句を言い始めた。

A2
入ってきたらすぐに彼が酒を飲みすぎていたことがわかった。

A3
She noticed something was wrong right off the bat.

# under the weather

# under the weather
### 体調が悪い

　weatherといえば普通は天気と訳しますが、英語の
weatherには日本語の天気とはちょっと違った意味合い
があります。

　「天気」には良い天気も悪い天気もありますが、「明日
はお天気だといいね。」の時の天気は良い天気のことで
すよね。英語のweatherもgood weather, bad weather
のように形容詞付きで使う場合が多いですが、実は
weatherだけで使う場合は悪い天気という意味なのです
（日本語の「お天気」とは反対）。ですからここでいう
under the weatherは直訳すると「悪い天気の下に（中
に）いる」ですが、会話での意味は「（風邪などで）調
子が悪い」になります。

　under the weatherの使い方の例は "I did not go to

work today. I was feeling under the weather this morning."「今日は仕事を休んだんだ。今朝は調子が悪くて。」とか "I started to feel a bit under the weather as soon as I got back from my business trip to Japan."「日本出張から帰ってすぐ後からちょっと調子が悪いんだ。」などです。weather（天気）の意味が日本語と英語で反対になることもあるのは面白いですよね。

15 │ under the weather

Q1
日本語に訳すと？
"You better not to get too close to me. I am feeling under the weather."

Q2
under the weatherを使って英語で言うと？
「昨日遅くまでパーティーに残ってさ。今日はちょっと調子が悪いな。」

Q3
under the weatherを使って英語で言うと？
「今夜はすごく行きたかったけど（would love to join）、残念ながら調子が悪くて。」

A1
あんまり近づきすぎないほうがいいよ。僕は調子が悪いから。

A2
I stayed late at a party last night, now I am feeling under the weather today.

A3
I would love to join you tonight, but I'm afraid I am feeling under the weather.

# down to the wire

# down to the wire
最後の最後まで

　漫画にもあるようにボストン・レッドソックスとニューヨーク・ヤンキースは因縁のライバル。アメリカンリーグ東地区という同じ地区に所属し、どちらもお金持ちの球団で高額な報酬で優秀な選手を集めて競い合っています。熱狂的なニューヨーク・ヤンキース・ファン（あまり品の良い人たちではありませんが）はヤンキー・スタジアムの外野席にある bleachers と言われる席に陣取って応援するのでBleacher Creature（bleacherに生息する生き物）と言われます。Bostonとの試合ではBleacher Creature達の興奮も一気に高まります。

　今回の表現はdown to the wire。この表現は競馬から来ていると言われます。昔の競馬ではゴール地点の真上に金属のワイヤーが張ってあり、どの馬の鼻先が先にワ

イヤーの下を通過するかで判定が下されたのだそうです。
ですからdown to the wireは直訳すれば「wireに至るま
で」ですが、「wireのあるゴール地点まで結果がわから
ない」から転じて「最後まで結果がわからない」「結果
がわかるのはギリギリになる」という意味になります。
ビジネスでもよく使われる表現で、たとえば、"We
won't know the decision until close to the deadline. It
will go down to the wire." 「締め切り直前まで決断がど
うなるかはわからないよ。ギリギリに決定されるだろ
う。」とか、"Both parties know that the negotiation will
go down to the wire." 「どちらの側も交渉がギリギリま
で続くことはわかっている。」などです。

16 | down to the wire

Q1
日本語に訳すと？
"The Florida governor's race came down to the wire."

Q2
down to the wireを使って英語で言うと？
「今度の日本シリーズは最後までわからないな。」

Q3
down to the wireを使って英語で言うと？
「ボブは早く終えることはない。いつもギリギリになる。」

Exercises

A1
フロリダの州知事選挙は結果が最後までわからなかった。

A2
This year's Japan Series will go down to the wire.

A3
Bob never finishes early. It's always down to the wire with him.

# on the fence

# on the fence
## どっちつかず

　ニューヨークは犬にフレンドリーな街です。最近は東京でも犬が飼えるマンションが増えてきていますが、大型犬となるとまだまだ難しいようです。しかしニューヨークでは大型犬も含めて飼えるアパート（日本でいうマンションは英語ではアパート）が多く、セントラルパークを始め街中で犬を散歩させている光景をよく目にします。

　さて今回の表現はon the fence。fenceはフェンスですから、漫画にあるようにフェンスの上に立ってどっちにしようかと迷っているところを思い浮かべると覚えやすい表現です。よくsit on the fence（フェンスの上に座る）という使い方をします。sit on the fenceには「躊躇して選べない」、「決めあぐねる」といった意味が含ま

れます。イーグルスの名曲「デスペラード」にriding fencesという表現がでてきますが、ride the fence（フェンスにまたがる）も同じ意味で決められないということになります。ちなみにこの歌は女性との関係で先に進むのをためらう友人に向けて歌っているという内容で、「ダイヤのクイーンを引きたいかもしれないけど、ダイヤのクイーンは機会があれば人を打ちのめす。ハートのクイーンがいつもベストチョイスさ（ダイヤはきらびやかな外見、ハートは温かい心の象徴)」なんていうフレーズもあってじっくり聴くと味わい深い歌詞です。

　on the fenceの例は "You can't sit on the fence any longer. You have to decide now."「もうこれ以上決断を先延ばしにはできない。いま決めなければいけない。」や "I expect he will sit on the fence right down to the wire, before finally revealing his position."「僕は彼が最後までどちらの立場に立つかを表明しないと思う。」などです。

Q1
日本語に訳すと？
"My boss just sits on the fence at every meeting."

Q2
日本語に訳すと？
"Her typical strategy is to sit on the fence until public opinion tips one way or the other."

Q3
on the fenceを使って英語で言うと？
「彼はこの問題（issue）に関して、いまだにまだどちらの側につくか決めかねている。」

Exercises

A1
うちのボスは会議のたびにどっちつかずで決められない。

A2
彼女の典型的なやり方は大衆の意見がどちらかに傾くまで自分の意見を決めないことだ。

A3
He is still on the fence about this issue.

# jerk

# jerk
嫌なやつ

　英会話の勉強をするときには初めからスラングや人の
ことを悪くいう表現はあまり習いません。でもアメリカ
人が人のことを悪く言わないかといえば、そんなことは
もちろんありません。この本では学校で教えてくれない
けれど実際の会話でネイティブがよく使う表現を扱って
います。そんな表現を使えるようになるとビジネスでも
プライベートでもネイティブとの距離がぐっと縮まりま
す。人を悪くいう言葉を使うことで仲間意識を得る必要
はないのですが、やはりそんな言葉を知っておくことも
会話の上達には役立ちますので、少しはそんな表現も入
れてみたいと思います。

　さて今回はその第一弾でjerk。「嫌なやつ」という意
味ですが、jerkを辞書で引くと痙攣的な動作という日本

語訳が出てきます。実際jerkにはそういう意味があります。手術を教えるとき僕はよく研修医に "Don't jerk the needle." 「針先を（痙攣のように）急に動かすな。」とよく言います。組織を丁寧に縫うにはスムーズに針を動かす必要があるからです。でもそんな意味でのjerkよりもずっとよく使われるのが、この「嫌なやつ」という意味でのjerkです。なぜjerkが「嫌なやつ」になったのかは不明のようですが、jerkには自己中心的、粗野、乱暴、人を見下すといったイメージがあります。jerkは典型的には男性を指すことが多いですが、女性に使うこともあります。

　jerkの例は "You have to stop being a jerk." 「もうそんな嫌なやつになるのはやめろよ。」や "He is a jerk." 「あいつはすごく嫌なやつだ。」などです。

18 | jerk

Q1
日本語に訳すと？
"Why are so many women attracted to jerks ?"

Q2
日本語に訳すと？
"I'm sorry for acting like a jerk the other day, I should have been more considerate."

Q3
jerkを使って英語で言うと？
「あいつは仕事はできるが嫌なやつだ。」

Exercises

A1
なんでそんなにたくさんの女性がとんでもなく嫌なやつに惹かれるのだろうか。

A2
先日は嫌な奴になってごめん。もっと思いやりのある態度をとるべきだった。

A3
He's good at his work, but he is a jerk.

# ballpark estimate

# ballpark estimate
## だいたい

　セント・パトリックスデーはアイリッシュのお祝いです。17世紀アメリカにメイフラワー号で来た最初の移民はイングランドの人たちでしたが、アメリカにはアイルランドからもたくさんの移民が来ていてアメリカ人全体の10%強がアイルランド系の移民と言われています。セント・パトリックはアイルランドの守護聖人ですが、セント・パトリックが亡くなった3月17日がセント・パトリックスデーです。ニューヨークでは街全体でこの日を祝う習慣があり、アイリッシュバーを中心にアイルランドのカラーであるグリーンとシンボルのクローバーが街中に飾られます。

　さて前回は人を悪く言う言葉をやりましたが、毎回やると嫌になるので、今回はballpark figure/ballpark estimateという表現。ビジネスやファイナンスの世界でもよく使われる表現で大まかな（人数や金額の）見積もりという意味です。

　ballparkというのは球場の意味ですが、それがなぜ大まかな見積もりになったのかは諸説あるようです。恋や仕事の進行具合を野球にたとえて「もうセカンドまで行っている」とか「まだファーストベースまでだ」という言い方をした中に「僕はまだ球場（ballpark）に入ったばかりだ」という表現の記録が残っていて、「球場に入ったばかりの段階での見積もり」が「大まかな見積もり」になったとの説があるようです。漫画にあるようにただballparkと言うこともあります。

　他の例では "Can you give me a ballpark figure of the number of attendees at the this year's stockholder's meeting?"「今年の株主総会の大まかな参加者数の見積もりは？」、"When can you finish this by ? What would be your ballpark estimate ?"「いつ頃までにこれを終えられますか？　だいたいの見積もりは？」などです。

19 | ballpark estimate

Q1
日本語に訳すと？
"I know you can't tell me exactly how much the total cost will be at this point. But can you at least give me a ballpark figure?"

Q2
ballparkを使って英語で言うと？
「マンハッタンにあるアイリッシュバーの大まかな数の見積もりを教えてくれる？」

Q3
ballparkを使って英語で言うと？
「大まかにいって、あの会社は管理職にどのくらいの給料を払っていると思う？」

Exercises

A1
今の段階では全体のコストが正確にいくらかかるかわからないのは知っているけど、少なくとも大まかにいくらぐらいかわかりませんか？

A2
Can you give me a ballpark figure of the number of Irish bars in Manhattan?

A3
Ballpark, how much would you say they pay their executives?

# bastard

# bastard
最低なやつ

　僕のように大人になってからアメリカに来た人間には英会話はいつまでたってもフラストレーションが続きます。初め何もわかっていなかった頃はまず仕事に必要な言葉から覚えていきました。病院内で他のドクターとちゃんとディスカッションできるようになり患者さんとの会話にあまり困らなくなるまでには５年ぐらいかかったと思います。その間は前にも言いましたが、わかってなくてもわかったふりをし続けていたのだと思います。今から思えば怖いドクターですよね。しかしそんな風に仕事での会話に困らなくなっても、プライベートの話になるとまだまだわからないことが続きます。これは正直いうと25年たった今でもあります。そんな時漫画に出てくるマサル君のようにわからないままうなずいてしまう

経験は何度もありました。

　さて前々回に引き続き今回は人を罵る時に使う言葉の第2弾。bastardです。bastardは「クソ野郎」という日本語に当たりますが、これはまさに「最低なやつ」に対して使う言葉です。一般には男性を表現するときに使います。前々回にやったjerkとbastardは重なるところがありますが、bastardのほうがよりひどいやつと言えるかもしれません。日本語でも最近、ひどい女性、意地悪な女性を指してbitch（ビッチ）と言うことがありますが、bitchの男性版がbastardです。漫画でJessicaをデートに誘った男はまさにbastardですよね。

　bastardの他の例は "You bastard!　You lied to me." 「あなたって最低！　私に嘘ついたのね。」や "What a lucky bastard, he is dating the hottest girl in town." 「なんてラッキーな野郎だ。あいつがこの町一番の女の子とデートしてるなんて。」（ここでは逆説的な意味）などです。

**20 | bastard**

**Q1**
日本語に訳すと？
"Get that bastard out of here."

**Q2**
日本語に訳すと？
"Did you see this ad?! Those bastards stole our idea!"

**Q3**
bastardを使って英語で言うと？
「彼は奥さんにとって最低の男だった。」

**A1**
あの嫌な野郎を追い出せ。

**A2**
あの広告見たかい？ あのクソ野郎どもがアイディアを盗みやがった。

**A3**
He was a bastard to his wife.

# on the fly

# on the fly
その場で

　漫画にあるようにflyは名詞ではズボンの前あきの部分のことも指しますが（ちなみにflyはジッパーのことではなくそのうえを覆う布部分です）、野球でいうフライもflyです。このon the flyは野球のフライから来ていて直訳すると「球がまだフライの状態にあるうちに（球が地面に落ちる前に）」という意味ですが、そこから転じて「他のことをやりながら急ぎで何かをする」「状況に応じてその場で何かをする」という意味になります。漫画でDr.エドワードが言っているeat on the flyは幾つかのミーティングに出なければいけないので、状況に応じて食べられるときに食べるしかないということです。

　on the fly の例は、"I usually eat lunch on the fly whenever I can."「僕はいつもその場で時間を見つけ

てランチを食べる。」や "I usually have to deal with issues on the fly because there is no time to get help." 「僕は大抵その場で問題を解決します。他の人に頼る時間はないから。」などです。

**花の咲く頃**　３月末から４月初めは日本では桜の季節ですが、ニューヨークでもこの時季には一気に春の花が咲きます。ニューヨークにも桜はありますが、日本のソメイヨシノのような淡い色の桜はあまりなく、もう少し濃い色のものが多く見られます（ソメイヨシノはワシントンDCが有名）。ニューヨークの街中でこの時季ニューヨーカーの目を楽しませてくれるのは桜のような木に咲く白い花です。ニューヨークの街のいたるところでこの頃一気に満開になります。実はこの花は豆梨という梨の花です。この時季にニューヨークを訪れるかたはぜひ見てください。

**21 | on the fly**

**Q1　日本語に訳すと？**
"Please take your time with this, don't just do it on the fly."

**Q2　日本語に訳すと？**
"Sarah has to realize that some things require deliberation, you can't do everything on the fly." deliberation: 熟考、慎重さ

**Q3　on the flyを使って英語で言うと？**
「メモリースティックをなくしちゃって。だから会議の直前に新しいプレゼンテーションをその場で大急ぎで作ったんだ。」

Exercises

**A1　**時間をかけてやってください。その場で慌ててやってはダメです。

**A2　**サラは慎重さが必要な物事もあることを理解しなければ。全てのことを慌ててやるわけにはいかないんだ。

**A3　**I lost my memory stick, so I created a whole new presentation on the fly right before the meeting.

# catch-22

# catch-22
## どちらを選んでもうまくいかない

　直訳ではなんともよくわからない表現ですが、もともとは小説のタイトルから来ていて、どちらを選んでもうまくいかない状況を指します。小説の中には危険な任務につきたくないパイロットが精神状態がおかしいことを理由に飛行任務を避けることはできないという話が出てきます。どういうことかと言うと精神状態がおかしければ飛行はできないが本当に精神状態がおかしい人はその任務が危険かどうかの判断ができないので任務を拒否することを申し出ない。だから、精神状態を理由に飛行拒否はできないということです。漫画でDr.ラブが言っているのもそれに近い話で、患者さんの状態が今は悪くて手術ができないが、手術以外には患者の状態を改善する方法がない。だから今の状況を打開する方法がないとい

うことになります。catch-22の本来の意味は正確には
こういう状況ですが、広義にはどっちにいってもうまく
いかない状況、ニッチもサッチもいかない状況に用いら
れます。

**ヤンキースとメッツ**　ニューヨークにはヤンキースとメッツの
二つの球団があります。ヤンキースはアメリカンリーグ東地区、
メッツはナショナルリーグ東地区に属しますので、お互いが勝
ち進めばワールドシリーズがヤンキース対メッツになる可能性
があります。でも両者がワールドシリーズで戦ったのは2000
年に一度だけ。その時はヤンキースがメッツを下してチャンピ
オンになっています。

22｜catch-22

Q1　日本語に訳すと？
"You need experience to apply for the job, but you can't gain experience unless you are hired. That's a classic catch-22 situation."

Q2　日本語に訳すと？
"I've been directed to cut staff to save money, but if we lose any more people, that will cause revenue to drop even more, putting me in a catch-22 situation."

Q3　catch-22を使って英語で言うと？
「どっちの選択肢もうまくいかないと思う。なぜってキャッチ22の状態だから。」

Exercises

A1　その仕事につくには経験が必要だが、経験を得るには雇われないといけない。まさにキャッチ22の状況だね。

A2　スタッフを切ることでコストを下げるように言われているんだけど、でも人がいなくなれば収入ももっと減るので、キャッチ22の状況になってしまう。

A3　I don't think either choice would work, because it's a catch-22 situation.

# segue

# segue
前置き

　英語がわからないうちは知らない単語が出てくるとどんな綴りになるのか全く見当もつかなかったりしますが、ある程度聞き取れるようになると大体の見当はつくようになります。ただし、語感に合わせて綴りを考えて辞書に当たりますが、それでもすぐには正解にたどり着けないこともよくあります。特に日本人が苦労するのはＬとＲの音の聞き取り。ある程度聞き分けられるようになるまではどっちの綴りも試してみたものです。

　さて今回の言葉はセグウェイ。綴りはsegue。名詞では「スムーズなつなぎ」、動詞では「スムーズにつなげる」ですが、名詞の場合は日本語でいう「導入」や「前置き」に近い意味だと考えるとわかりやすいでしょう。"segue" は実際に僕が綴りがわからないで苦労した言葉

です。ビジネスでよく出てくる単語でなんとなく意味は
わかっていたのですが、綴りがわかるまでにはかなり時
間がかかりました。それもそのはずで、実はこの単語
元々はイタリア語なんです。音楽や映画の世界で間を空
けずに歌や場面をつなぐことを意味する言葉から来てい
ます。漫画の中でDr.アダムが言っているように、会議
の中で次の議題に関連した内容が出てきた時に、それを
機に話題を変えるのによく使います。"It was a nice
segue to the next item on the agenda."「これは次のア
ジェンダのいい導入になりましたね。」とか "That's a
perfect segue to my next question."「それは僕の次の質
問の完璧な前置きになります。」などといって次のトピ
ックに移るきっかけにします。ところで乗り物の「セグ
ウェイ」はSegwayと綴りますが、これが世に出た当初
はスティーブ・ジョブズなどが絶賛したため、次世代の
乗り物として注目されました。結局はそれほど売れませ
んでした。

Q1
日本語に訳すと？
"That was actually a perfect segue to the next topic, let's move on."

Q2
日本語に訳すと？
"The joke lightened the mood and allowed him to segue to a less controversial topic."

Q3
segueを使って英語で言うと？
「その仕事（job）は彼の次のキャリアにつながる完璧な導入だった。」

A1
それが次のトピックの実に完璧な前置きになったところで、次に行きましょう。

A2
ジョークで場を和ませたことがより軽いトピックに繋げる良い前置きになった。

A3
The job was a perfect segue to the next stage of his career.

# on track
# off track
# back on track

## on track / off track / back on track
## 順調に / 脱線して / 再び軌道にのって

　今回はtrackを使った表現です。ここでのtrackは線路だと考えてください。日本語でも「脱線する」と言う比喩的な表現がありますよね。日本語の「脱線」は「話が本題からそれること」という比較的限定された意味ですが、英語のoff trackは、ずっと広い意味になります。on track（線路上にいる）は「行くべき方向に順調に進んでいる」「物事がうまく運んでいる」状況の意味で、off trackはそこから外れた状態です。一度「track」の使い方を覚えると、go off track, get back on track, stay on track, keep someone（something）on trackなどいろいろな言い方ができてとても便利です。trackが線路だということがわかれば日本人にもとても理解しやすい表現ですよね。

trackを使った表現の例は "I know what you mean, but I think you are a bit off track."「君の言いたいことはわかるけど、ちょっと的外れだと思う。」とか "Let's get the project back on track."「プロジェクトを軌道修正して元に戻そう。」などです。

**アメリカのイースター** イースター（復活祭）はクリスチャンの多いアメリカでは大きなお祝いになります。ニューヨークのような大都会では開いているお店が多いですが、アメリカの小さな町ではほとんどのお店が閉まってしまいます。この時期にアメリカ旅行をする人は気をつけてください。ニューヨークのイースターでは5番街で行われるイースターパレードが有名です。19世紀から続くこのパレードは元々新しいファッションを競い合うものだったようですが、最近ではカラフルな帽子をかぶって少しレトロな格好で歩くパレードになっています。

**24 | on track　off track　back on track**

Q1
日本語に訳すと？
"I think we've gone off track. Let's get back to our original topic."

Q2
trackを使って英語で言うと？
「建設スケジュールを予定通りに戻すにはどうしたら良いのでしょうか？」

Q3
trackを使って英語で言うと？
「一生懸命勉強したことで、ケートは成績優秀の表彰付きで卒業する（graduate with honors）見込みだ。」

Exercises

A1
本題から外れてしまったようです。元々のトピックに戻しましょう。

A2
How can we (I) get the construction schedule back on track?

A3
Thanks to her hard work, Kate is on track to graduate with honors.

# apples and oranges

# apples and oranges
## まったく違うもの

　この表現は文字通りアップルとオレンジから来ていますが、「全く違うものなので比べようがない」という意味になります。一旦意味を理解すると忘れない表現ですよね。漫画にあるように人に対して使う場合もありますが、事柄や物に対してもよく使います。apples and orangesを「水と油」と訳しているのを見たことがありますが、日本語の「水と油」には混ざり合わないというお互いが相反するニュアンスが含まれますが、apples and orangesにはそのようなニュアンスはなく、単に別物という意味です。よく使う言い方は "It's like comparing apples and oranges." 「それはアップルとオレンジを比べているようなものだ。（別物だから比べようがない。）」や "Those data sets are fundamentally

different. They are like apples and oranges."「それらの
データは、根本的に別物だ。アップルとオレンジのよう
で比べようがない。」などです。ちなみに順番は常にア
ップルが先でオレンジが後、またどちらも複数形で使い
ます。

**ニューヨークの春**　日本もそうですが、4月から5月のニュー
ヨークはとにかく気持ちのいい季節です。長い冬が終わり週末
になると水辺や公園にたくさんの人が集まります。そんな時季
にマンハッタンで行われるイベントがトライベッカ・フィルム
フェスティバル。9・11の翌年の2002年、ニューヨークの復
興を祈念してワールド・トレード・センターにほど近いトライ
ベッカでニューヨーク出身の名優ロバート・デ・ニーロらが中
心になって始めたインディーズフィルムの映画祭で、今では世
界的な映画祭になりました。

25 ｜ apples and oranges

Q1　日本語に訳すと？

"You can't compare a system engineer to a sales person. They are like apples and oranges."

Q2　apples and orangesを使って英語で言うと？

「グローバル・カンパニーの御社と当社のようなローカル・カンパニーの収益（revenue）を比較することはできません。全く別物を比べているようなものです。」

Q3　apples and orangesを使って英語で言うと？

「彼女はどっちの人がより好きかを決めかねていた。二人の性格は全く別物だから。」

Exercises

A1　システムエンジニアと営業の仕事を比較しても意味がないよ。アップルとオレンジみたいに全く別物を比べているようなものさ。

A2　You can't compare the revenue of your global company with a local business like ours. That's like comparing apples and oranges.

A3　She had hard time deciding who she liked better, because their personalities were like apples and oranges.

# six of one, half a dozen of the other

# six of one, half a dozen of the other
*どちらでもよい*

　今回の表現 six of one, half a dozen of the other は直訳すると「一方（one）は６、他方（the other）は半ダース」となりますが、おわかりになりますか？　６と半ダースって同じことですよね。つまりこれはどちらでも一緒という意味なのです。「６というか半ダースというかの違い」（違わない）ということです。面白い表現ですよね。一般に "It's six of one, half a dozen of the other." 「それは６か半ダースかの違いだ。」のように使います。ちなみに漫画ではマサル君が、It'sなしでいきなり "Six of one , half a dozen of the other" だけを言ってしまったため、バーテンダーが文字通り瓶を６本、グラスを半ダース出してしまったのです。前回のapples and or-angesは「根本的に違うので比べようのないもの」、今

111

回は「（名前など表向きは違うように見えても）根本的に同じでどちらでもよい」という表現です。six of one, half a dozen of the otherの他の例は "You can choose either approach. It's six of one, half a dozen of the other."「どちらのアプローチを選択してもよい。6というか半ダースというかの違いだ。」などです。

Topic

**ニューヨーカーの憩いの場セントラルパーク**　5月の後半はニューヨークの新緑の季節です。この時季、ニューヨークでは街のあちこちにある公園で新緑が楽しめますが、圧巻はセントラルパークです。マンハッタンのど真ん中に広大な敷地を誇るセントラルパークは代々木公園の6倍の広さです。元々マンハッタンは山手線内にすっぽり入るぐらいの広さですから、マンハッタンに占める緑地がいかに広いかがわかりますよね。セントラルパークは以前は荒れた場所や危険な場所もありましたが、1980年代からはじまった大規模な補修で蘇り、今では四季を通じてニューヨーカーの憩いの場所となりました。

26 | six of one, half a dozen of the other

Q1　日本語に訳すと？
（タクシーでの会話）"Would you like me to take 5th Avenue or Park ?"　"You can take either. It's six of one, half a dozen of the other."

Q2　six of one, half a dozen of the otherを使って英語で言うと？
「どちらの方法でもコストは一緒だ。だから結局は同じことだ。」

Q3　six of one, half a dozen of the otherを使って英語で言うと？
「急ぎじゃないから今週会っても来週会ってもいい。結局は同じことだから。」

Exercises

A1　「5th AvenueとPark Avenueのどちらでいきましょうか？」「どっちでもいいです。結局同じことだから。」

A2　The cost would be the same in either way. It's six of one, half a dozen of the other.

A3　It's not urgent so we can meet this week or next, it's six of one, half a dozen of the other.

# moron / idiot

# moron / idiot
バカ

　今回のmoronとidiotは以前にやったjerk, bastardに続いて人のことを悪く言う言葉の第３弾です。moronとidiotはともに日本語で言う「バカ」に当たる英語です。学校で習うのは形容詞ならstupid、名詞はfoolだと思います。stupidは十分に強い言葉ですが、foolはmoronやidiotよりはだいぶマイルドな表現です。foolは日本語のニュアンスでは「馬鹿もん」に近いと言えるでしょうか。moronとidiotはほぼ同じように使いますが、idiotの方が少し強いかもしれません。また、ここではあえて詳細は触れませんが、moronとidiotはともに差別用語に近いところがありますので使用には十分注意してください。漫画にあるように自分に対して使うのは止めておいた方が安全かもしれません。ただ、日常会話でもビジネスでも

しょっちゅう出てきますのであえて取り上げさせてもらいました。moronとidiotの例は "He is such an idiot. I can't stand him."「彼は本当にバカだ。彼には我慢できない。」とか "My boss is a complete moron."「私のボスは最低なバカなの。」などです。

Topic

**アメリカの卒業シーズン**　5月の中旬から6月の初旬はアメリカは卒業のシーズンです。僕の勤めるコロンビア大学は250年を超える歴史があり（アメリカの独立前にさかのぼる）、1758年から続く卒業式は260回以上行われています。僕も教授としてマントを着て卒業式に参加することもできますが、2017年には僕自身がコロンビア大学のビジネススクールを卒業しましたので（週末の授業でMBAをとるコース）、コロンビアカラーのライトブルーのマントと帽子で卒業式に参加しました。

Q1
日本語に訳すと？
"I would be an idiot if I didn't take this opportunity."

Q2
moron/idiotを使って英語で言うと？
「そんなこと（such a thing）してたら大馬鹿になっちゃうよ。」（ヒント：仮定法過去を使う）

Q3
moron/idiotを使って英語で言うと？
「その状況で黙ってた方がいいことを理解できないのは大馬鹿ぐらいだ。」

Exercises

A1
このチャンスを摑まなかったら僕は大馬鹿だ。

A2
I would be a moron (idiot) if I did such a thing.

A3
Only a moron (idiot) wouldn't understand that you should keep quiet in such a situation.

# dicey
## どっちに転ぶかわからない

　今回の表現はdicey。ちょっと聞いただけではわからないかもしれませんが、この言葉がサイコロのダイスから来ていることがわかるとすぐ理解できる表現です。ちなみにサイコロはしばしばカタカナで書きますが元々は賽<sub>さい</sub>という漢字で外来語ではありません。英語ではダイス（英語のつもりでサイコロと言っても全く通じません）。

　diceから派生したdiceyは「サイコロを振るようなもの」、「どっちに転ぶかわからない」という意味ですが、「予測がつかずに危険がある」のニュアンスでもよく使います。漫画でDr.アダムが言っているのは「手術をしてもうまくいくかわからない。手術は賭けのようなもので予測できない」というニュアンスです。予測ができないので当然危険だという意味も含まれます。そういう意

味ではriskyと同じような場所で使えます。ただしdiceyはriskyほどはっきりと危険を強調するわけではなく、予測不能であることを強調する言葉です。

dicey の他の例は "Expanding our business at this time would be quite dicey."「この時期に事業を拡大するのは全く予想不能で賭けのようなものだ。」とか "The weather tomorrow looks dicey. I hope it won't rain."「明日の天気は予想がつかない。雨にならないといいけど。」などです。

Topic

**ニューヨークの夏の始まり**　5月の最後の月曜日はメモリアル・デー。戦没者を追悼する記念日ですが、祝日なので3連休になります。梅雨のないニューヨークでは、例年このメモリアル・デーの連休を境に一気に気温が上がり夏になります。海開きもこの時季です。マンハッタンからそれほど遠くないブルックリンやロングアイランドの海側にはビーチが広がっており、夏の間はたくさんの人たちがビーチに出かけます。

28 │ dicey

Q1　日本語に訳すと？
"Bringing up that subject during today's meeting would be dicey. Let's not talk about it."

Q2　diceyを使って英語で言うと？
「そのプロジェクトを引き受けるのは賭けのような提案（proposition）だ。」

Q3　diceyを使って英語で言うと？
「あの界隈を夜に歩く（walking through that neighborhood at night）のは大丈夫かよくわからない時があるからタクシーを使った方がいいかもしれないよ。」

Exercises

A1　その話題を今日の会議に持ち出すのはどっちに転ぶかわからないから危険だ。その話はやめておこう。

A2　Taking on that project would be a dicey proposition.

A3　Walking through that neighborhood at night can be dicey sometimes, so you may want to take a taxi.

# holy cow / holy shit

# holy cow / holy shit
## びっくり！

　今回の表現は驚いた時に使うholy cowとholy shit。holyは「神聖な」という意味なので、holy cowは「神聖な牛」、holy shitは「神聖なクソ」ということになります。なぜ驚きの表現がholy cowになったかは諸説あるようですが、驚きの表現で元々あったJesus Christ! と同じようにHoly God!とかHoly Christ!という表現が変化してこうなったということのようです。またholy cowがよく使われるようになったのはニューヨークからのようで、その後、野球中継のアナウンサーが頻用するようになって広まったらしいです。そしてholy cowの変化形でholy〜という言い方がたくさんできてその中からholy shitが残ったというのが流れのようです。すごくびっくりした時に使う表現で、悪いことに遭遇した場合

も良いことに遭遇した場合にも使います。holy cowの方が幾分品が良いといえますが、あくまでスラングですのでいずれにせよ品の良い言い方ではありません。ただholy cow、holy shitは英会話ですごくよく使う表現なので、TPOをわきまえた上でぜひ使ってみてください。かなり相手との距離が縮まった気がすると思いますよ。たとえば "Holy cow! That's an awesome idea."「すげー！　それ素晴らしいアイディアだね。」とか "Holy shit! You are a genius."「すげー！　お前天才だね。」などです。

## Topic

**セントラルパークの夏**　セントラルパークは四季を通じてニューヨーカーの憩いの場ですが、夏には何かと催し物も多くなります。そんな中で一番の市民サービスはニューヨーク・フィルハーモニーの野外コンサート。1965年以降、毎年初夏に行われる無料コンサートで、最近ではセントラルパークだけでなく近郊の公園でも催されています。梅雨のないニューヨークでは初夏は６月ですが、毎年６月頃セントラルパークでは日が暮れるのを待って芝生の広場で開催されます。

29 | holy cow / holy shit

Q1
日本語に訳すと？
"Holy shit! You paid $700 for a dinner for two?"

Q2
holy cow / holy shitを使って英語で言うと？
「ウオー!!　競争入札を勝ち取ったぞ！」

Q3
holy cow / holy shitを使って英語で言うと？
「スゲー！　セーフだ。ランニングホームラン
(inside-the-park homerun) だ！」

Exercises

A1
びっくり！　二人のディナーで＄700も払った
の？

A2
Holy cow!! We won the bid!

A3
Holy shit, he's safe. It's an inside-the-park
homerun!

125

# Word

## 30

# once in a blue moon

## once in a blue moon
### めったにない

　ニューヨークの球団ヤンキースとメッツ。ヤンキース
はアメリカンリーグ、メッツはナショナルリーグなので、
基本的にはワールドシリーズでないと対戦しないと思う
かもしれませんが、日本にも最近できたように大リーグ
にも交流戦があって年に２回、３連戦（ないしは２連
戦）します。相手チームの本拠地の試合に行く場合、ア
メリカでは飛行機を使って移動することが多いですが、
同じニューヨークの街の中なので地下鉄で移動ができま
す。本当に地下鉄を使った選手がいるか知りませんが、
ニューヨークの地下鉄subwayをもじってヤンキース対
メッツの試合をsubway seriesと言います。

　さて今回の表現はonce in a blue moon。直訳すると
「blue moonの時に１回」となります。ではblue moonと

は何かというと実は天文学的に定義されたある満月のこ
とで、最近の定義では同じ月の内の２回目の満月のこと
だそうです。月の周期と１か月はほとんど同じですが月
の周期の方が微妙に短いので、２、３年に１回は同じ月
に満月が２回くることがあります。その２回目がblue
moon。次回のblue moonは2020年10月で、10月１日と
10月31日がともに満月なので10月31日の満月を指しま
す。ただし、本来のblue moonの定義は四季を３か月ご
とで区切った中で４回満月が来る場合の３回目の満月
（複雑！）だったそうですが、間違った上記の定義が広
まって最近ではそれが使われるようになっているそうで
す。いずれにせよblue moonが稀なのでonce in a blue
moonはさらに稀だということです。ちなみにsubway
seriesでのメッツの３連勝は何回かは起こっています
（トータルでは３連勝の回数も勝利数もヤンキースが上）。

30 ｜ once in a blue moon

Q1
日本語に訳すと？
"That happens only once in a blue moon."

Q2
once in a blue moon を使って英語で言うと？
「彼は滅多に酔っ払ったりしない。」

Q3
once in a blue moon を使って英語で言うと？
「デーブはタバコが大嫌いだ。でもシガーはごくたまに吸っている。」

Exercises

A1
そんなことはたまにしか起こらない。

A2
He gets drunk once in a blue moon.

A3
Dave hates cigarettes, but he enjoys a cigar once in a blue moon.

# a needle in a haystack

# a needle in a haystack
見つけるのがすごく難しい

a needle in a haystackは直訳すると「干草の山の中の針」となりますが、漫画にあるように "look for a needle in a haystack"「干草の山の中で針を見つける」のように使います。干草の山（haystack）というのは畑や牧草地で刈り取った干草をこんもりと積み上げたもののことですが、そんなところに針を落としたら、探し出すのは至難の業ですよね。この表現はまさにそういう意味で、「簡単には見つからない」「見つけるのはすごく難しい」の意味になります。そんな意味のことわざや慣用句は日本語にもありそうなものだと思いますが、これというものは意外に見つかりません。a needle in a haystackの他の例は "Without his name, it's like looking for a needle in a haystack."「名前なしで彼を探すのは

干草の山の中から針を見つけ出すようなものだ。」とか "It was like looking for a needle in a haystack, but we somehow managed to find your wallet." 「それは干草の山から針を探すようなものでしたが、なんとかあなたのお財布を探し出しました。」などです。

**6月のニューヨーク**　日本には梅雨があるので春が過ぎていったん暑くなっても夏前に梅雨で暑さが和らぎます。ニューヨークには梅雨がなく6月からはすっかり夏になります。ただしずっと暑くて大変かというとそうでもなくて、日中の気温はかなり上がりますが、からっとしているので日陰に入れば涼しいですし、夕方はとても過ごし易い気温と湿度です。この時季になるとニューヨークの街角のいたるところで、表にテーブルを出して座ってお酒や食事を楽しむようになります。

31 ｜ a needle in a haystack

Q1　日本語に訳すと？
"Going through 20,000 applications to find the perfect candidates is like looking for a needle in a haystack."

Q2　a needle in a haystackを使って英語で言うと？
「この仕事（this task）はものすごく大変でした。干草の山から針を探すようなものですからね。」

Q3　a needle in a haystackを使って英語で言うと？
「彼の机の上は書類がそこら中に積もって完全にめちゃくちゃだ（complete mess）。我々が必要な書類を見つけ出すのは至難の業だ。」

Exercises

A1　完璧な候補者を2万人の応募者から見つけ出すのは干草の山で針を探すようなものだ。

A2　This task was extremely difficult. It was like looking for a needle in a haystack.

A3　His desk is a complete mess with papers everywhere. Finding the document we need will be like looking for a needle in a haystack.

# under the radar

# under the radar
あまり知られていない

under the radarは直訳すると「レーダーの下で」となりますが、漫画にあるように本当にレーダー塔の下という意味ではありません。元々は軍事用レーダーから来ています。地上で使う軍事用のレーダーの場合、地表とレーダー波が干渉するため、ある程度の高さより低く飛んでくる戦闘機は近くに来るまで見つけられないという問題がありました。ここでのunder the radarはその意味の"fly under the radar"「レーダーを避けて低く飛ぶ」から来ていて、「レーダーにひっかからない」つまり「あまり知られていない」という意味になります。日本語で「情報網にかからない」という表現がありますが、それと似ています。ちなみに最新のレーダー技術を駆使するとfly under the radarはほとんど不可能だそうです。

under the radarの変化形はon my radarでこれは僕のレーダーで監視しているということで「気になっている」「注目して追いかけている」の意味です。たとえば "The new model of BMW has been on my radar." 「BMWの新型はずっと注目してました。」のように使います。under the radar/on my radarの他の例は "The artist remained under the radar despite some success early in his career." 「初期の成功にもかかわらずそのアーチストは無名のままだった。」とか "That Sushi restaurant has been on my radar for a long time." 「その寿司レストランにはずっと注目していた。」などです。

**アメリカの病院の６月**　６月の病院は別れの季節です。僕の働くコロンビア大学の付属病院にはたくさんの研修医がいます。研修期間は所属の科によって異なりますが、研修が始まるのはほぼ一律７月なので、研修医たちが所定の研修期間を終えて旅立っていくのが６月なのです。病院のあちこちで、"Where are you going?" 「どこにいくの？」、"Good luck!" 「頑張って！」そんな会話があふれています。

32 ｜ under the radar

## Q1
日本語に訳すと？
"The company managed to keep the new technology under the radar."

## Q2
on my radarを使って英語で言うと？
「その会社の株はずっと気になっていました。」

## Q3
under the radarを使って英語で言うと？
「その歌手はしばらく埋もれていた。でも彼女がグラミー賞をとったことで全てが変わった。」

Exercises

## A1
その会社はその新技術を隠し通してきた。

## A2
I've been keeping that stock on my radar.

## A3
That singer had been under the radar for some time, but after her Grammy Awards that all changed.

# sit tight

# sit tight
## じっと待つ

sit tightは直訳すると「しっかりと座る」となりますが、「その状況から動かない」「行動を起こさずに待つ」の意味です。日本語の「じっと待つ」に近いかもしれません。直訳からもある程度は意味の想像がつく表現ですので、一旦理解すると忘れないですよね。ビジネスで頻用する表現ですのでぜひ覚えましょう。

漫画ではDr.マディソンが今の患者の状況を知るのにCTをとることを提案したのに対して、Dr.エドワードが今の段階では（CTをとるという）行動を起こさずに待とうと言っています。"sit tight for now"「今は（とりあえずは）待とう」のように使うこともよくあります。

sit tightの例は "This is the time to sit tight. Don't buy or sell any property."「今は待つ時だ。不動産は買うの

も売るのもやめたほうがいい。」とか、"I would sit tight on this acquisition for now."「私なら今はこの買収はしない。」などです。

**独立記念日** 7月4日はアメリカの独立記念日です。英語では Independence Day ですが、会話では Fourth of July とか July 4th というのが一般的です。独立記念日の前後は "Happy Fourth of July!" とか "Happy July 4th!" とお互い言い合いますが（"Happy 4th!" と言うことも）、"Happy Independence Day!" とはあまり言いません。July 4th は休日ですが、独立記念日のイベントはなんと言っても花火。全米各地で盛大に花火大会が催されます。ニューヨークでは Macy's というデパート主催の花火大会が最大規模のもので、毎年ブルックリン・ブリッジのそばのイースト・リバーやウエストサイドのハドソン川で開催されます。

33 | sit tight

## Q1
日本語に訳すと？
"Let's not make a decision yet. Sit tight for now."

## Q2
日本語に訳すと？
"Just sit tight, keep your mouths shut, and nobody will get hurt."（銀行強盗の決まり文句）

## Q3
sit tightを使って英語で言うと？
「クライアントに市場が落ち着く（settle）まではじっと待つように言ってください。」

Exercises

## A1
決定するのはやめましょう。今は動かずにじっと待ちましょう。

## A2
動くな、口を閉じろ、そうしていれば誰も傷つけないぞ。

## A3
Please tell your client to sit tight until the market settles.

# You know the drill.

# You know the drill.

## やり方がわかっている

　ここでのドリルは穴をあける工具のドリルではなくて軍隊の訓練（演習）の意味のドリルです。ちなみに小学校の算数でやった反復練習の計算ドリルもこの意味のドリルから来ています。直訳すると「ドリルを知っている」になりますが、「何度もやってきたからルーティーンのやり方がわかっている」「言わなくても当たり前のようにわかっている」の意味です。

　Youを主語にせずに "He doesn't know the drill." 「彼はルーティーンのやり方がわかっていない。」のように使うこともできます。

　know the drill の例は "You have done it so many times. You should know the drill by now." 「これは何度もやってきただろう。今はもうやり方がわかっているは

ずだ。」とか、"You don't have to tell us what to do. We all know the drill"「何をするか言う必要はありません。みんなどうすればいいかわかっています。」などです。

**アメリカの病院の7月**　7月はアメリカの病院に新しい研修医が来る時期です。アメリカの研修病院選びはマッチングと言って病院側と研修医の希望をもとに全米の病院の中から行き先を決める制度です。日本でも最近取り入れられましたが、この制度の結果、研修先の病院が出身大学の医学部とは全く別の場所になることが多くなります。そんなわけで、7月に研修医たちの多くは見知らぬ街に来てそこで研修を始めることになります。新しい出会いと期待に胸を膨らませ、かつ厳しい研修生活をはたして乗り越えていけるのかという不安を抱きながらスタートする新米医師たち。そんな目の輝きが眩しい7月です。

34 │ You know the drill.

Q1　日本語に訳すと？
"You know the drill. Go to the window（窓口）when your number is called."

Q2　you know the drillを使って英語で言うと？
「去年から働いているんだから、やり方は分かってるね。」

Q3　you know the drillを使って英語で言うと？
「オーケー、みなさんわかってますね。電化製品、携帯電話、ノートパソコン（laptop）はバッグから出して、別のトレーにのせてください。」

Exercises

A1
ルーティーンはわかってるだろう。君の番号が呼ばれたら窓口に行くんだ。

A2
You've been working here since last year, so you know the drill, right?

A3
OK, everyone, you know the drill. Take all electronics, cell phones and laptops out of your bags and put them on a separate tray.

# whole nine yards

# whole nine yards
端から端まで

今回の表現whole nine yardsは直訳すると「９ヤード全て」ですが、実際の意味は「最初から最後まで全部」とか「端から端まで全て」の意味です。アメリカではインチやフィートなどメートル法でない単位が使われますが、ヤードもその一つで３フィートが１ヤードで約91cmなので、９ヤードは８ｍちょっとです。whole nine yardsの９ヤードがどこから来ているのかには諸説あるようです。第二次世界大戦中に使ったオートマチックライフルの弾丸のベルトの長さが９ヤードだったことから来ているという説もありますが、研究者の間ではまったく違う語源だという説が有力なようです。

whole nine yards の例は "You don't have to repeat the whole nine yards." 「全てを最初から最後までやり直

147

す必要はない。」とか "In order to get this accomplished, I'll go the whole nine yards." 「これを成し遂げるためには僕はなんでもするつもりだ。」などです。

　漫画に出てくるアメリカのドラマですが、オンラインでまとめて観られるので、ハマってしまうと大変です。

**シェークスピア・イン・ザ・パーク**　ニューヨークの夏の風物詩のひとつに "Shakespeare in the Park" があります。これはニューヨークのセントラルパークの中にある野外劇場で毎年夏になると上演されるシェークスピアの演劇です。出し物は「オセロ」「十二夜」「ハムレット」「から騒ぎ」などメジャーなものです。このシアターにはかなり有名な役者さんも登場しますが入場料はなんと無料。チケットを手に入れるのはかなり大変ですが、この時季にニューヨークに来る人はぜひ試してみてください。

35 | whole nine yards

Q1　日本語に訳すと？
"When we come to this restaurant, we always order an appetizer, a salad, main course and dessert, the whole nine yards."

Q2　whole nine yards を使って英語で言うと？
「この仕事（job）には、端から端まで全てをするような人が必要だ。」

Q3　whole nine yards を使って英語で言うと？
「結婚記念日だったのでボブは奥さんに花、キャンドル、シャンパンなど端から端まで全て用意してあげた。」

Exercises

A1
僕たちはこのレストランに来るといつもアペタイザー、サラダ、メインディッシュ、デザートと全てを頼む。

A2
We need a person who would go the whole nine yards for this job.

A3
It was their anniversary so Bob got his wife flowers, candles, champagne, the whole nine yards.

# my two cents

# my two cents
## 愚見ですが

　英語には敬語がなく、謙遜〔けんそん〕することもないと思っている方、多くないですか？　確かに英語には敬語がありませんし、はっきりものをいう文化がありますが「謙遜することはない」は間違いです。

　今回の表現はmy two cents。two centsは日本円で約２円。「とるに足らないほどのもの」の意味で、漫画でDr.ハキムが言っているのは「僕のとるに足らない意見を言わせてもらうと」ということです。聞かれていないのに話に割り込む時や、自分の主張を和らげたい時に使います。あまり使わない日本語ですが「愚見を言わせてもらうと」という言い方に近い表現です。

　my two centsの例は "I don't think you should spend too much money on this project. That's just my two cents." 「このプロジェクトにたくさんお金をつぎ込む べきではないと思います。僕の愚見ですが。」とか "I disagree with what you just said, but that's just my two cents." 「私はあなたが今言ったことには同意しかねま す。あくまで私の愚見ですが。」などです。

**夏は辛口のロゼワイン**　ニューヨークの夏にいつも登場するの が辛口のロゼワイン。産地は主にフランスで、夏になると街中 のリカーストアの店頭に並びます。なぜロゼワインが夏になっ たのかは知りませんが、アメリカのロゼワインの消費は５月か ら９月が圧倒的に多いのだそうです。暑い夏の夕暮れにキンキ ンに冷やした淡いピンク色のロゼワイン。これをチーズやオリ ーブをつまみに、通りに出されたテーブルでいただくのが、ニ ューヨーカー流です。生ビールだけでなく、今年の夏はちょっ とオシャレにロゼワイン。いかがですか。

36 | my two cents

Q1
日本語に訳すと？
"My two cents would be to sell the stock if you want to get out of this situation."

Q2
my two centsを使って英語で言うと？
「僕の愚見を追加させてもらうと、壁の色は青にした方がいい。」

Q3
my two centsを使って英語で言うと？
「僕の愚見が知りたいなら、彼を今日クビにすべきだと言うよ。」

Exercises

A1
私の愚見では、いまの状況から抜け出したいのなら株は売るべきです。

A2
To just add my two cents, I think the wall should be blue.

A3
If you want my two cents, I say fire him today.

# FYI

# FYI
## お伝えしておきます

　日本でもそうですが、最近では携帯でのテキストメッセージがコミュニケーションの大きな部分を占めるようになっています。僕はコロンビア大学の公共政策学修士（MPA）と経営学修士（MBA）を週末で勉強するコースを卒業していますが、そこで学んだのは１ページで的確に情報を伝えるコンサルティング・サマリーや１分間で相手の心をつかむプレゼンテーションなどでした。一方でテキストメッセージはもともとはプライベート用でしたが、短いテキストメッセージの中で上手に意思伝達をする能力がここにきてビジネスの世界でも重要になってきている気がします。

　さて今回の表現はFYI。これはfor your informationの頭文字をとったもので、もともとはメールなどで使う書

き言葉です。新たな情報（ミーティングのアジェンダ、レストランの予約情報、何かしらの注意事項など）を共有するメールを転送する際の定番ですが、情報の共有を意味するだけで、返事や反応を期待しないメールで使います。FYIはもともとはビジネスの世界で使う書き言葉なのですが、最近では会話の中でもよく使われるようになっています。近年テキストメッセージが会話に取って代わるようになったことから、逆に書き言葉が話し言葉に入ってきた一例ではないかと思います。会話では単に「エフ・ワイ・アイ」と発音します。

　FYIの他の例は "Just an FYI, he will be retiring soon." 「ちょっと伝えておくけど、彼はもうすぐ引退するよ。」とか "You should know this is a very complicated issue, just FYI." 「この問題はとても複雑なことを知っておくべきです、お伝えしておきますが。」などです。

Q1
日本語に訳すと？
"FYI, we are going out with your client tomorrow."

Q2
FYIを使って英語で言うと？
「この会社はもう倒産します（お伝えしておきますが、送金指示は取り消しました）。」

Q3
FYIを使って英語で言うと？
「ちょっと伝えておくけど、このクライアントは傲慢になることがあるから、我慢して。」

A1
お伝えしておきます。明日貴殿のクライアントと出かけます。

A2
This company is going out of business.（FYI, we cancelled the wire transfer.）

A3
Just FYI, this client can be arrogant, please be patient.

# last ditch effort

# last ditch effort
最後の試み

last ditch effortは軍事用語から来ています。地上戦では攻撃側も防御側も英語でtrenchと言われる塹壕を掘ってそこに歩兵を潜ませる戦い方がよく用いられます。機関銃などの水平射撃に対して、地上より低いところに潜ることで身を守ることができるためです。塹壕戦では防御側は何重にも塹壕を築いて第1の塹壕が突破されても第2、第3の塹壕で防御しようとします。ditchは溝という意味ですが、ここでのditchは塹壕のことを指していてlast ditch effortは最後の塹壕でのeffort、つまり「最後の抵抗」「最後の試み」という意味です。ちなみにeffortは「努力」という日本語で覚えている人が多いと思いますが、effortは力を注いで何かをすることで、何かを成し遂げるために頑張るという意味の「努力」とは

少し違って、すごく頑張らなくても単に力を注げば effortです。

　last ditch effortの例は "That was just a last ditch effort. I didn't expect it to work." 「あれは最後の抵抗でね。うまくいくとは思っていなかったよ。」とか "We will make a last ditch effort to finish it on time." 「予定通りに終わらせるように最後の抵抗をしてみます。」などです。

Topic

**夏の夜には野外映画**　ニューヨークの夏の夜にはいろいろなイベントがありますが、最近の流行りは野外の映画上映。入場料無料の映画がミッドタウンの公園、ハドソン川に突き出したピアの中やブルックリン・ブリッジのたもとの芝生の広場などニューヨークのいたるところで、夕暮れに上映されています。

38 | last ditch effort

## Q1
日本語に訳すと？
"The prime minister made a last ditch effort to avoid a dissolution of parliament."

## Q2
日本語に訳すと？
"With only 30 seconds left on the clock, and down by one goal, the team made a last ditch effort to tie the game."

## Q3
last ditch effort を使って英語で言うと？
「登山家は最後の試みで夜がくるまでに（by nightfall）頂上に到達しようとした。」

Exercises

## A1
首相は最後の試みで議会の解散を避けようとした。

## A2
残りわずか30秒で1ゴール差で負けていたので、タイにするためにチームは最後の頑張りで戦った。

## A3
The climber made a last ditch effort to reach the summit by nightfall.

# push comes to shove

# push comes to shove
いざとなったら

　今回の表現はpush comes to shove。pushはもちろん押すことですが、shoveは強く押すことです。日本語の「突き飛ばす」「押しのける」の感じでしょうか。ちなみに発音は「ショウヴ」ではなくて「シャヴ」です。push comes to shoveは直訳では「pushがshoveになる時」ですが、「普通に押していたのが強く押さなければいけなくなる時」の意味で日本語の「どうしようもなくなったら」とか「いざとなったら」にあたります。漫画でエレンが言っているのは英語がうまく通じなくてどうしようもなくなったら、もうマサルには（レストラン選びなどを）任せないで、全部自分で指示を出してやってもらうということです。

　push comes to shoveの例は "When push comes to

shove, I will take it to the management level."「いざと
なったら、僕が上層部にこの話を持っていくよ。」とか
"I think this approach would work, but you can always
use another option if push comes to shove."「このやり
方で良いと思いますが、いざとなったらいつでももう一
つの方法が使えます。」などです。

**海辺の町ハンプトン**　ニューヨークの東にはロングアイランド
がありますが、その一番東端の海辺の町、ハンプトン（East
HamptonとSouth Hamptonを合わせてHamptonsとも言う）に
はニューヨークのお金持ちたちのサマーハウスが立ち並び、夏
にはウォール街が引っ越しするといわれます。車で２時間ぐら
いの距離ですが、マンハッタンからヘリコプターが出ていて、
夏の間はハンプトンからヘリでマンハッタンに通うお金持ちも
いるそうです。

39 ｜ push comes to shove

Q1
日本語に訳すと？
"He is a super busy man, but when push comes to shove he will always make time for us."

Q2
push comes to shoveを使って英語で言うと？
「どうしようもなくなったら、あの会社との提携を打ち切る準備をしておいてください。」

Q3
push comes to shoveを使って英語で言うと？
「どうしようもなくなったときはいつでも、あなたの株を売ればいいでしょう。」

Exercises

A1
彼はものすごく忙しい人だけど、いざとなったらいつでも時間をつくってくれるよ。

A2
Please be prepared to cut ties with that company if push comes to shove.

A3
When push comes to shove, you can always sell your stocks.

# set in stone

## set in stone
## 決して変えることができない

　ニューヨークにはデリと呼ばれる食べ物を出す小さな店がたくさんあります。個人経営の商店で日用雑貨の他にサンドイッチやハンバーガーを作って出してくれるところが多いですが、並べてある食べ物を自分で容器に盛って（最近は紙容器）、レジに持って行くと量り売りしてくれるところもたくさんあります。料理は一般には多国籍で、かなり美味しいところもあって、ニューヨーカーのランチの定番です。

　さて今回の表現はset in stone。ここでのsetは漫画でマサル君が勘違いしたディナーセットのセットではなく「石にセットされた」、「石に刻まれた」という意味です。いったん石に刻むと長く残るし書き換えることは、ほぼ不可能ですよね。旧約聖書に出てくるモーゼの十戒も石

板に刻まれたもので決して変えることができないものという意味が込められています。というわけでset in stoneは「決して変えることができない」「もう変えることができない」の意味で、否定形で「全く変えられないわけではない」「まだはっきり決まっているわけではない」という使い方をよくします。

　set in stoneの他の例は "The time line of the project is not set in stone. But we have to make every effort to stick to it." 「プロジェクトの予定は変えられないわけではないが、できる限り予定通りに行くよう努力をしなければいけない。」とか "Those are just preliminary ideas. Nothing is set in stone." 「それらはまだ初期段階のアイディアです。まだ何もはっきり決まっていません。」などです。

Q1　日本語に訳すと？
"My schedule this afternoon is not set in stone. Please give me a call when you are nearby."

Q2　set in stoneを使って英語で言うと？
「御社とは了解覚書（MOU）がまだ交わせていません。何もはっきり決まったわけではないのです。」

Q3　set in stoneを使って英語で言うと？
「先発メンバー（starting roster）はまだはっきり決まったわけではありません、コーチはよく試合直前に変更をしますので。」

Exercises

A1　今日の午後のスケジュールはまだはっきり決まっていないから、近くに来たら電話ください。

A2　The MOU with your company is still pending. Nothing is set in stone.

A3　The starting roster isn't set in stone as the coach often makes changes right before the game.

# put it on the back burner

# put it on the back burner
## ひとまず置いておく

　日本人が英語を勉強しようとする時、邪魔になるのが和製英語。コンセント、ホッチキス、トランプなど絶対に通じないものが沢山あります。とりあえずカタカナ言葉は全て疑ってかかる方が安全かもしれません。また、和製でなくても本来の意味と違う意味で使われている英語もあるので、注意が必要です。

　さて今回の表現はput it on the back burner。ここでのburnerは日本語で言うガスコンロのバーナーにあたります。ちなみにコンロは英語ではなく日本語の「焜炉」から来ていて、英語ではstoveと言います（さらに言うと部屋を温めるのに使うストーブは和製英語で、正しくはheaterです）。日本のガスコンロはバーナーが横ならび２口のこともありますが、アメリカでは前後２列の４口

のタイプがほとんどです。back burnerは「後ろのバーナー」になります。4口のコンロで料理をするときは、フライパンや中華鍋など、その時かき混ぜる必要があるものを手前のバーナーに置いて、奥のバーナーはゆっくり煮込むものや保温するだけのものなどに使いますよね。ですからput it on the back burnerは「優先順位を下げる」「ひとまず置いておく」という意味になります。

put 〜 on the back burnerの使い方の例は "Let's put that plan on the back burner for a while." 「その計画は当分保留にしておきましょう。」とか "When preparing for the TOEIC, you should put reading on the back burner until you become confident at listening." 「TOEICの勉強では、リスニングで自信がつくまではリーディングはひとまず置いておくべきだ。」などです。

41 | put it on the back burner

Q1　日本語に訳すと？
"The two countries agreed to put their disputes on the back burner in order to deal with the crisis."

Q2　put ~ on the back burnerを使って英語で言うと？
「まずはこの仕事（task）を終わらせてください。他のことはすべて後回しでいいから。」

Q3　put ~ on the back burnerを使って英語で言うと？
「地元の強い反対（strong opposition）で、市の政府は開発計画を棚上げすることにした。」

Exercises

A1
その2国は緊急事態に対応するため互いの紛争を一旦棚上げすることに合意した。

A2
Please finish this task first. Everything else can be put on the back burner.

A3
Due to strong local opposition, the city government put the development project on the back burner.

# run something by you

# run something by you
ちょっと意見を聞きたいんだけど

　日本食は以前から人気がありましたが、ここ数年でニューヨークで爆発的なブームになっているのがラーメンです。ブームの始まりは2008年の一風堂の進出ですが、その後、次々とラーメン店ができて、今ではニューヨークのいたるところでラーメンが食べられます。こってり味の豚骨スープがはじめは好まれていましたが、最近は白湯、醤油味、担々麺なども好まれるようになり、いささかニューヨーク・ラーメン戦争の様相を呈してきています。面白かったのは一風堂が最初にできた時、居酒屋風にお酒を飲みながらつまみを食べて、その後にラーメンを食べるモデルにしたことです。そのせいで客単価はかなり高く、一人当たり＄50（約5000円）も使うことがよくあり、日本人にはかなり違和感がありました。

さて前置きが長くなりましたが、今回の表現はrun something by you。ここでのrunは「走る」という意味の自動詞ではなく他動詞のrunで、run something by youは何かしらの事柄を説明して意見を求める言い方です。漫画にあるようにCan I run something by you？という言い方で頻用します。日本語の「ちょっとお伺いしたいのですが」や「ちょっと意見を聞きたいんだけど」に当たる言い回しです。ビジネスで使えそうですよね。ぜひ覚えて使ってみてください。

　run something byの後はyouだけでなく "Let me run that by Tom." 「僕がトムに話して意見を聞いてみる。」とか "Would you run that by me again？" 「もう一度言っていただいてもいいですか？」などの言い方もできます。

　まずは定番の "Can I run something by you?" を覚えて使ってみましょう。

**42 | run something by you**

Q1
日本語に訳すと？
"I like your proposal. Let's run it by the boss and see if he likes it."

Q2
run it by youを使って英語で言うと？
「アイディアがあるのですが。ご説明しますので意見をうかがわせてください。」

Q3
run something by youを使って英語で言うと？
「今日の午後に10分ほどお時間をいただければ、あなたにご意見を伺いたいことがあるのですが。」

Exercises

A1
君の提案はよいと思う。ボスが気にいるか、話して意見を聞こう。

A2
I have an idea. I'd like to run it by you.

A3
If you have 10 minutes this afternoon, I would like to run something by you.

# keep plugging away

## keep plugging away
### 頑張り続ける

　plugは「栓をする」という意味で、keep plugging awayの文字通りの訳は「栓をし続けてしのぐ」「蓋をし続けて乗り越える」という意味になります。この表現は、昔の海軍で戦争中に穴のあいた船でその穴に栓をし続けながらしのいでいく状態から来ていて、「頑張ってやり続けてやり遂げる」「頑張ってやり続けて乗り越える」といった意味になります。漫画のように "You just have to keep plugging away for now." 「今は頑張ってやり続けなければいけない。」のような使い方をよくします。

　keep plugging awayの例は "If you keep plugging away at reading English newspapers like that, you will definitely get better at English." 「そんな風に頑張って英語の新聞を読み続ければ、必ず英語が上達する。」や

"Never give up on what you really want. Just keep plugging away at it. One day, your dream will come true." 「本当にやりたいことは絶対に諦めるな。ひたすら目標に向かってやり続けるんだ。いつか君の夢は叶う。」などです。

**夏の終わりのバーベキュー**　9月の最初の週末は月曜がレイバー・デー（勤労感謝の日）で休みなので3連休です。ニューヨークの夏は5月の終わりのメモリアル・デー（戦没者記念日）の週末から始まりレイバー・デーの週末で終わるとされます。そんな夏の終わりのレイバー・デーはなぜかいつでもバーベキュー。この日は家族や職場のみんなでバーベキューをするのが定番です。

43 ｜ keep plugging away

Q1
日本語に訳すと？
"We need to keep plugging away until the markets settle."

Q2
plug awayを使って英語で言うと？
「彼の強さの一つはどんなことであっても頑張り続けることだ。」

Q3
plug awayを使って英語で言うと？
「彼女はこの夏の間ずっと、受験勉強（studying for entrance exam）を頑張り続けている。」

Exercises

A1
相場が落ち着くまでは頑張り続ける必要がある。

A2
One of his strength is that he keeps plugging away no matter what it is.

A3
She's been plugging away all summer studying for entrance exam.

# water under the bridge

# water under the bridge
## 過去のことだからどうでもいい

　今回の表現はwater under the bridge。文字通りの訳では「橋の下の水」ということですが、それだけだとなんのことかわかりませんよね。川にかかった橋を思い浮かべてください。橋の下の川の水は常に入れ替わるので同じ水がとどまることはありません。橋の下にその時あった水はしばらくすれば完全になくなって下流に行ってしまいます。water under the bridgeはもう過ぎ去ってしまった過去の議論や諍（いさか）いで今ではどうでもよくなったこと、今となっては議論する価値がなくなったことの意味になります。日本語の「水に流す」にもちょっと似ていますが、「水に流す」は自ら主体的に流して忘れるということなのに対し、water under the bridgeは自然に流れて過去となってしまうことなので、主体的に忘れる

という意味ではありません。

　water under the bridge の例は "Please don't worry about it. It's all water under the bridge." 「そのことは心配しないでください。もうどうでもよくなった昔のことですから。」とか、"The conflict that existed between our companies is water under the bridge." 「御社と我が社の間の紛争はもう今は過ぎ去った過去のことです。」などです。

Topic
- - - - - - - - - - - - - - - - - - - - - - - - - - - -

**国連総会**　９月のニューヨークは国連総会で世界からたくさんの要人が集まります。この時期は交通規制があちこちにあって道が混みますが、ニューヨークに住むなら致し方のないこと。僕の勤めるコロンビア大学ではこの時期に世界から集まる要人たちのスピーチが開催されます。最近では外務大臣の河野太郎さん、安倍首相もコロンビア大学で講演しています。

44 ｜ water under the bridge

Q1
日本語に訳すと？
"Let's not talk about what happened last year. It's all water under the bridge now."

Q2
water under the bridgeを使って英語で言うと？
「彼はそれはもうみんな過ぎ去った昔のことだというが、彼女はそれを決して許さないだろう。」

Q3
water under the bridgeを使って英語で言うと？
「僕たちの間には忘れた昔の諍いが多すぎる。」

Exercises

A1
去年起こったことを話しあうのはやめよう。もうどうでもいいことだから。

A2
He says it's all water under the bridge, but she will never forgive him.

A3
There is too much water under the bridge between us.

# silver lining

# silver lining
## ポジティブな側面

silver liningは文字通りの訳では「銀の裏地」ということですが、これは "Every cloud has a silver lining." 「全ての雲には銀の裏地がある。」ということわざからきています。雲は下に入ってしまえば暗くなりますが、その裏側には日が当たって輝いて見える部分があります。これが銀の裏地。ことわざの意味は「（雷や雨のような）災いを起こす雲にも輝く裏地がある」、災いと思えることにもポジティブな側面があるという意味です。そこからsilver liningは「ネガティブな事柄のポジティブな側面」ということになります。

使い方の例は "One of the silver linings of economic downturns is to provide opportunities for new managing strategies." 「経済低迷の良い側面の一つは新しい経営

戦略にチャンスを与えることだ。」とか、"There has always been a silver lining even in the worst periods in our history."「我々の歴史の中で最悪の時期でも希望の光は常にあった。」などです。

**バンビーノの呪い**　メジャーリーグは９月いっぱいでレギュラーシーズンが終わり10月になるとポストシーズンが始まります。2018年はボストン・レッドソックスが優勝しました。常勝チーム、ボストン・レッドソックスも、実は1918年から2004年までの86年間、ワールドチャンピオンから遠ざかっていました。これにまつわる話が「バンビーノの呪い」。バンビーノはベーブ・ルースの愛称ですが、ルースは元々レッドソックスの主力選手。そのルースを1919年末、ヤンキースに金銭トレードで出して以来レッドソックスはワールドシリーズに勝てなくなったという言い伝えです。2004年にレッドソックスが優勝して、ようやく長年続いた呪いがとけました。

45 ｜ silver lining

Q1　日本語に訳すと？
"The hours are long and working conditions are terrible, but the silver lining is that I get to work with some really great people."

Q2　日本語に訳すと？
"Private equities may provide a silver lining to the economic crisis."

Q3　silver liningを使って英語で言うと？
「今回の取引がうまくいかなかったことのポジティブな側面はより良い取引先を見つけることができる機会になることだ。」

Exercises

A1
時間は長いし仕事の環境は最悪だけど救いは素晴らしい人たちと仕事ができることだ。

A2
プライベートエクイティーは経済危機の希望の光となるかもしれない。

A3
The silver lining of failing to make a deal this time is the opportunity to look for a better partner.

# off the top of my head

# off the top of my head
## ぱっとすぐに出てくる

　今回の表現off the top of my headの文字通りの意味は「頭のてっぺんから」ということですが、これは「じっくり考えたり調べたりせずにもすぐに出てくること」。"I can't remember off the top of my head." は「パッとすぐには思い出せない。」という意味になります。「パッとすぐに出てくる」という代わりに「頭のてっぺんから出てくる」というわけですが、何となくわかりますよね。ビジネスでもプライベートでもとてもよく使う表現です。ぜひ覚えて使いこなせるようになりましょう。

　Off the top of my headの他の用例は "How many visitors per day do you have in this museum?" "I don't have exact number. But off the top of my head, I would say around 1000." 「このミュージアムには一日何人の

来館者がありますか？」「正確な数字は知りませんが、すぐに思いつくところだと、1000人くらいでしょうか。」などです。

**ビリー・ゴートの呪い**　野球にまつわる呪いの第2弾。2016年にはシカゴ・カブスが108年ぶりにワールドシリーズを制覇しましたが、カブスはリーグ優勝も1945年以来70年以上遠ざかっていました。それにまつわる言い伝えが「ビリー・ゴートの呪い」。カブスの大ファンだったビリーはいつも可愛っていたヤギを連れて観戦していました。しかし1945年のワールドシリーズの試合にヤギを連れて入ることを拒絶され、その際の捨て台詞でカブスはもうワールドシリーズに出ることはないだろうと言ったとのこと。以来、本当にカブスは70年以上リーグ優勝から遠ざかったのでした。

**46｜off the top of my head**

Q1　日本語に訳すと？
"Can you tell me the revenue for this quarter?" "I'll have to ask the billing office to be exact, but off the top of my head, I'd say around 200 grand." (grandは$1000の意味)

Q2　日本語に訳すと？
"Bill is amazing, he can recite movie lines word for word from all the Hollywood classics, right off the top of his head."

Q3
off the top of my headを使って英語で言うと？
「ニューヨークで一番古い日本食レストランはどこですか。」「パッと出てくるのでは、レストラン日本かな。」

Exercises

A1　「今四半期の収益はどれぐらいか教えてくれ。」「正確なことは経理に問い合わせないといけませんが、すぐ思いつくところでは20万ドルくらいでしょうか。」

A2　ビルはすごいよ。ハリウッドの名作の名セリフを言葉通りにパッとみんな暗唱できるんだ。

A3　"What is the oldest Japanese restaurant in New York City ?" "Off the top of my head, I'd say Restaurant Nippon."

# hear it through the grapevine

# hear it through the grapevine
## 噂によると

　今回の表現hear it through the grapevineはgrapevine telegraphからきています。テレグラフ（電報）が情報伝達の手段として確立して電線網ができた当時も口から口へと伝わる情報伝達網もありました。特に当時の黒人奴隷たちの間に口頭伝承の情報網が広がっておりそれをgrapevine telegraphと呼んだそうです。本物のtelegraph用のまっすぐな電線に対してぶどうの木の枝の曲がりくねった様子が前近代的な口頭伝承のネットワークを象徴していたようです。ですからhear it through the grapevineは「噂によると」ということになります。hear it on the grapevineとも言います。

　hear it through/on the grapevine の例は "I heard it through the grapevine that you are leaving the company."「噂に聞いたんだけど、君は会社を辞めるのかな。」や"I heard it on the grapevine that our company is being acquired by someone."「噂によると我が社は誰かに買収されているらしい。」などです。

**Hideki Matsui** 今回は松井秀喜選手の話。ご存知のように松井選手はニューヨーク・ヤンキースでプレーしました。メジャーリーグでプレーした日本人選手はかなりの数に上りますが、松井選手は別格です。ニューヨーカーなら誰もが知っている大人気のプレーヤーなのです。松井選手はとにかくいいところで打つ、まさに記憶に残る男。いまだにニューヨーカーの中で語り継がれるのは2003年のリーグチャンピオンシップ、宿敵ボストン・レッドソックスとの死闘の第7戦で同点に追いつくきっかけを作った2ベースヒットです。

47 │ hear it through the grapevine

Q1
日本語に訳すと？
"I heard it through the grapevine that you are being promoted."

Q2
hear it through/on the grapevineを使って英語で言うと？
「噂に聞いたわ。結婚するんだね。」

Q3
hear it through/on the grapevineを使って英語で言うと？
「噂に聞いたけど、新しいお店を出店するんだって。本当かい？」

A1
噂に聞いたけど昇進するんだね。

A2
I heard it through the grapevine that you are getting married.

A3
I heard it on the grapevine that you are opening a new location. Is that true ?

# start from scratch

# start from scratch
一から始める

　英会話初心者にとって会話のきっかけに良いのは日本食の話題です。日本食ブームの始まりは寿司ですが、当初に流行ったのはロールもの。しかもあまり生の魚を使わないものでした。またロールは巻き寿司ですが、黒い海苔(のり)が外にあると食べ物として見た目が悪く（黒いものに包まれた巻き寿司は異様なものに見えた）、海苔を内側にして外にご飯をつけてラップで包んで巻く「裏巻き」というやり方の巻き寿司でした。今では生の魚を使った握り寿司も普通の巻物も食べるようになりました。

　さて今回の表現はstart from scratch。文字通りの意味は「スクラッチから始める」です。scratchは動詞では「引っ掻く」の意味ですが、クリケットや昔のボクシングでスタート地点に引いた線のことを名詞でscratch

（引っ掻き線）と言っていたことから、「スクラッチから始める」は「一から始める」、「元に戻ってはじめ直す」の意味になったと言われています。またゴルフで言う「スクラッチで勝負する」という言い方も、元は競走競技でハンディキャップをつけて競う場合に本来のスタートラインである「スクラッチ」よりも前方からスタートさせるというやり方があり、「スクラッチの勝負」が「ハンディなしの勝負」という意味になったということです。

　start from scratchの例は "I don't think this is going to work. Let's start from scratch."「このやり方ではうまく行かないと思う。一からやり直そう。」や "It's never too late to start from scratch."「一から始めるのに遅すぎることはない。」などです。

Q1
日本語に訳すと？
"When you get stuck, just start from scratch."

Q2
日本語に訳すと？
"After the computer crashed and deleted hours of work, he had no choice but to start from scratch all over again."

Q3
start from scratchを使って英語で言うと？
「出来合いの書式（template）を使おう。一から始めるには時間がない。」

Exercises

A1
壁にぶつかった時は一からやり直せ。

A2
コンピューターがクラッシュして何時間もかけた仕事を消去してしまったので、彼には一から始めるという選択肢しかなかった。

A3
Let's use the template, there is no time to start from scratch.

# rule of thumb

# rule of thumb
### 大雑把なルール
<small>おおざっぱ</small>

この本もいよいよ残すところ２表現になりましたが、今回も前回に続き日本食の話題。日本食が好きというアメリカ人はたくさんいますが、本当の意味でよくわかっている人はまだ少なく、そんなに美味しくなくても日本食はそんなものだと思って食べている人が多いです。本当に美味しい店を教えてあげるとすごく喜ばれます。ただし、あまり本格的すぎると逆にダメなこともあり、アメリカ人にある程度人気の店の中から美味しいところを選んで教えてあげるのがコツです。

　さて今回の表現はrule of thumb。直訳では「親指のルール」ですが、「（経験に基づく）大まかな原則」「大雑把なルール」という意味になります。語源ははっきりしませんが、仕立て屋が親指の幅を使ってだいたいの長さ

を測っていたことから来ているという説があります。ちなみに、昔のイギリスで棒の太さが親指の太さを超えなければその棒で奥方を叩いても良いという法律があったことから来ているという俗説がありますが、これは間違いです。誰かが家庭内暴力の歴史的な側面を話した際にそんなことを言った言葉が一人歩きして出来上がったようです。

rule of thumbの使い方の例は "As a rule of thumb, you should not expect to see any effect of the ad for at least a month."「経験則では、広告の効果は少なくとも１か月は現れない。」や "A good rule of thumb is to fill half of your plate with vegetables every meal."「良い大雑把なルールは毎食お皿の半分を野菜にすることです。」などです。

Q1　日本語に訳すと？
"As a general rule of thumb, you should not lose more than 2kg a month."

Q2　rule of thumbを使って英語で言うと？
「大雑把に言って、株のポートフォリオにはリスクプロフィールが異なる（diverse risk profiles）ものを混ぜた方が良い。」

Q3　rule of thumbを使って英語で言うと？
「長いフライト中は大雑把に言って2時間毎に起き上がってストレッチをして歩きまわることが大切だ。」

Exercises

A1
一般的に大雑把なルールでは1か月に2kgを超える減量はしない方が良い。

A2
As a rule of thumb, you should create a portfolio of stocks with diverse risk profiles.

A3
A good rule of thumb is to get up, stretch and walk around every couple of hours during long flight.

# Word 50

## It's your call.
## make the call

# It's your call. / make the call
あなたが決めることだ / 決める

　さていよいよ最後の表現です。この本に登場した表現はネイティブなら誰でも使いますが、日本ではなかなか教わらないものばかりです。一つも聞いたことがなかったという人もいたと思います。でも表現の成り立ちを理解してみると、意外に覚えやすく楽しく学ぶことができたのではないでしょうか。言葉の成り立ちには文化的な側面がたくさん含まれているのが面白いですよね。

　さて最後の表現はIt's your call.とmake the call。ここでのcallは電話のcallではなく、大きな声で言うという意味のcallです。野球の審判が「ストライク」「ボール」と大声で言うこともcallということから「判定すること」「どうするか決めること」という意味がcallにあります。ですから、make the callは「どうするかの判断

をする」「決断をする」の意味で、It's your call. は「君が決めることだ。」「あなたが決めてください。」という意味です。エレンの夢の中でなぜか突然ペラペラになったマサルが言っているのは「付き合うのか、付き合わないかは君が決めてください。」という意味なのです。

It's you call. / make the call の例は "I wouldn't do such a thing, but it's your call." 「僕だったらそんなことはしないけど。でも君が決めることだから。」や "You are the boss. You make the call." 「ボスはあなたです。あなたが決めることです。」などです。

## Q1　日本語に訳すと？
"I don't need your opinion on this. It's not your call to start with."

## Q2　make the callを使って英語で言うと？
「首相は増税の決定をしたばかりだ。」

## Q3　make the callを使って英語で言うと？
「合併のオファーのデッドラインが近づくなか、ジャックはまだ決めることをためらっていた。」

Exercises

## A1
このことであなたの意見は必要ありません。もともとあなたが決めることではないんです。

## A2
The prime minister just made the call to raise taxes.

## A3
As the deadline of the merger offer approached, Jack was still reluctant to make the call.

## あとがき

　漫画で英語を勉強するということを思いついたものの、果たしてどうすれば良いのか正直いって手探りで始めたのが「週刊新潮」での連載でした。漫画のキャラクターには実はみな実在のモデルがいます。もちろん漫画の中の話は全てフィクションですが、キャラクターを作る際には実在の病院の仲間を参考にさせてもらいました。ただし、エレンがマサルと恋仲になるとかジェシカの男運が悪いとかというのは全く架空の話です。そんな漫画のおちも含めたプロットを僕が書いて（原文は全て英語）、それを現代洋子さんが素晴らしい漫画にしてくださいました。実は現代さんとはこの「あとがき」を書いている時点で、直接お会いしたことも、お話ししたこともありません。でも漫画がひとつひとつ僕が思っている通りに上がってくるのを見て、毎回感動の連続でした。なかには一部、現代さん流にアレンジしていただくこともあるのですが、これがまた素晴らしい。プロの仕事はすごいと改めて実感させられました。

　今回扱った表現は使用頻度の差はありますが、どれも

アメリカ人には馴染みの表現ばかりです。それでも日本人はほとんど知らないものばかりですし、アメリカに住んだ経験があってある程度会話のできる人でも知らないことは多いようです。日本人にとって本当の生きた英語を身につけるのは、アメリカ社会で仕事をした経験があったり、アメリカ人と一緒に生活をしている（国際結婚など）という場合でないとなかなか難しいようです。一方でヨーロッパや中南米から来た人で英語のできる人たちはこんな表現でも難なく使いこなします。なぜ日本人にはこういう表現が身につかないのか。自分のことを振り返ってみて思うのは、日本では生きた英語を伝える教材が乏しいという事です。

　英語はアメリカ人の言葉ではなく国際言語です。ここにあるような表現が使いこなせるようになると（聞きとれるようになるだけでも）、英語でのコミュニケーション能力は格段に進歩します。ちなみにこの本では表現の成り立ちの面白いものを中心に取り上げましたが、表現がどこから来たかはアメリカ人でもあまり知らないことが多いようです。言葉は文化を反映します。言葉の成り立ちを学ぶことが文化を学ぶことにもなるのは面白いで

すよね。

　最後になりますが、この本の編集をしてくださった新潮社の川上祥子さん、もともとこの本のアイディアを取り上げて企画をしてくださった中瀬ゆかりさん、「週刊新潮」の連載を担当してくださった髙山葵さん、そして英語のチェックや例文、練習問題の作成に関わってご指導くださったスコット・フィリップスキーさんに心から感謝いたします。

本書は、「週刊新潮」連載「ニューヨーク発スーパー医師が伝える　人生で必要な英語はすべて病院で学んだ」（2018年11月8日号〜2019年11月7日号）全50回を加筆・改訂したものです。
漫画はすべてフィクションです。

# ネイティブを動かす<ruby>動<rt>うご</rt></ruby>かす<br>プレミアム<ruby>英会話<rt>えいかいわ</rt></ruby>50

発　行……2020年4月20日

著　者……<ruby>加藤友朗<rt>かとうともあき</rt></ruby>
漫　画………<ruby>現代洋子<rt>げんだいようこ</rt></ruby>
英語監修……スコット・フィリップスキー

発行者……佐藤隆信
発行所……株式会社新潮社
　　　　　〒162-8711　東京都新宿区矢来町71
　　　　　電話　編集部 (03) 3266-5411
　　　　　　　　読者係 (03) 3266-5111
　　　　　https://www.shinchosha.co.jp
印刷所……大日本印刷株式会社
製本所……株式会社大進堂